JN109816

小さな会社 ランチェスター式「儲ける戦略」

栢野克己
［監修］
竹田陽一

コスミック出版

はじめに

どうも！　栢野克己《かやのかつみ》と申します。小さな会社・お店専門の成功事例作家です。大企業から中小ベンチャーなどサラリーマン7回就職・転職失敗し（笑）、8回目の今は、小さな自営業で独立起業25年目です。

著書は『小さな会社の稼ぐ技術』（日経BP社）、『小さな会社☆儲けのルール』（フォレスト出版）、『弱者の戦略』『大逆転バカ社長』（経済界）など8冊25万部。台湾・韓国・中国・インドネシア・ベトナムでも翻訳出版されてます。

今や、大企業サラリーマン向け一流コンサルタントのビジネス書も平均1万部も売れませんが、サラリーマン失敗組から起業した三流作家としては、まぁまぁ頑張ってると自負（笑）。

その証拠として、今すぐスマホで「かやのかつみ」と検索し、アマゾンレビューを見てください。近著は『小さな会社の稼ぐ技術』（日経BP）ですが、どの本もレビューの多さと高評価には自信があります。

私自身はサラリーマンでことごとく失敗しました。さらに独立起業しても最初の新宿御苑での起業はわずか半年で廃業して33歳でバイトへ。

その後、福岡の実家が他人の連帯保証1億円の借金をかぶり、長男である私もUターンして連帯保証人に。裕福だった祖父の代からの土地や家屋敷・株券すべて売却しましたが、バブル崩壊の時期だったので財産価値が七分の一に下落。

地元の中小企業に就職をしていましたが、残債の数千万円は手取り給与20万円ではとても返せず。さらに連帯保証をかぶった母が自殺。

追い込まれた私はそれまで裕福サラリーマン一家のボンボンだったんですが、生まれて初めて心に火が付きました。実績としては大した事はないですが、地方の中小広告代理店営業マンとして約年商1億で営業利益年間2500万円ほどに。

当時の勤務先の温情でクライアントを半分いただき、広告代理業として二度目の独立をしました。おかげさまでUターン6年後、かぶった借金も完済。

Uターンしたサラリーマン時代から、「九州ベンチャー大学」という成功社長を招いた体験談を聞く異業種交流会をスタートしました。大借金を抱えていたので手取り20万円の地方中小サラリーマンでは返せない。東京で失敗したが、また独立して返さないといけないような予感がして、つまり借金を返すにはサラリーマンじゃなく、独立起業せんといかんだろう（博多弁）。

先輩社長がどうやって独立をして成功したのか？ その秘密を聞きたい私利私欲でした。ところが思いもかけず、起業目指す一般サラリーマンや中小企業社長の参加も多くなり、27年目の現在まで「缶ビール会」とかも含めると軽く一千回以上、現場経営者の体験談を聞く勉強会をやってきました。

私も博多発の通販「やずや」、ラーメン「一風堂」の社長みたいに年商何十億はやりたい。そう思って起業した広告代理業で数億十億目指してたんですが、40歳前に「俺は経営者には向いてない。いや実力がまったくない。素質もない」。ただ経営体験談の勉強会を主催しているうち、日経新聞の記者や帝国データバンクの調査マン、三流経営コンサルタントやビジネス書の著者のように、オレも会社や社長の評論家、コメンテーター、事例作家を目指そうと転身を決意。

幸い、自転車で5分のところにランチェスター経営・竹田陽一という、ソフトバンク孫正義や旅行会社エイチアイエスの創業者、最近ではアパホテル会長も学んだ「ランチェスター経営戦略の大家」がいました。

私も全国に約200人いる弟子の末席に座り、先生の応援も受けて44歳の時にビジネス書の出版が実現。思いがけず14万部のベストセラーになり、以来8冊。私の本はすべて中小零細企業の事例ばかりです。

たまに偉そうにランチェスターや竹田陽一師匠の名を借りて成功法則を述べたりしますが、**今回はすべて、私が主催した「九州ベンチャー大学」や「東京ベンチャー大学」で話した経営者やコンサルタントの肉声をそのまま文字起こししました。**

このすべての社長セミナーに参加したら軽く5万円は超えます。それがなんと今回はこの本1冊にまとまって1700円弱。もう絶対買いです。笑笑。

さらに、いつもは有名なソフトバンクやエイチアイエスや、地元発で上場もしたラーメン「一風堂」や数百億企業になった「やずや」の話で本を売ろうとするんですが、今回はほぼ無名の中小企業やコンサルタントです。世にある会社や個人事業主の99・7％は中小企業で、うち9割はほぼ5人以下の小規模事業・自営業です。

無名の中小企業本は売れないんですが、今は大変な国難が起きているし、まぁコロナ疫病もそのうちなくなるでしょうが、大震災や金融ショックなども含め、今後も何が起きるかわかりません。

日本は働く9割が社員や派遣やバイトのサラリーマンですが、会社に頼らず自力で生きていく独立起業家精神はサラリーマンも必須です。

この本を読んで、何か一つでも、あなたに役立つことがあれば幸いです。

栢野克己（かやのかつみ）

小さな会社　ランチェスター式「儲ける戦略」　目次

目次

第1章

会社の倒産で独立も3年は給与ゼロ「逆転人生」

◎半径500mで粗利2億。ランチェスター式「儲ける戦略」

■第2章■

事業失敗・借金・夜逃げから「逆転人生」

◎「唐揚げ弁当」で九州一から日本一へ「儲ける戦略」

■第5章■

サラリーマンを左遷とクビ！で「逆転人生」

◎子供向けスポーツスクールでNo.1「儲ける戦略」

装幀　岡　孝治

第1章

会社の倒産で独立も3年は給与ゼロ「逆転人生」

◎半径500mで粗利2億。ランチェスター式「儲ける戦略」

古川 隆

株式会社福一不動産 代表取締役。1962年9月、宮崎県延岡市生まれ。1985年、大分工業大学建築科を卒業。

大手マンションデベロッパーに勤めるが、バブル崩壊でリストラにあう。1995年に独立。福岡市博多区祇園町、冷泉町、店屋町、上川端町、中洲2～5丁目に特化した展開で業界の注目を集め、店舗を紹介するインターネットサイト『e中洲ドットコム』や経営支援サービス「ユアーズ」を提供。また、全国各地で経営者を対象にした講演・セミナーをおこなう一方で、中洲のママさんを対象に講演会・勉強会も定期的に開催している。

「売りたかったら、売り込むな！」

夜のクラブに飲みに行って、隣に座った女の子が「一度来たお客さんがなかなか来ない」と嘆いてました。今どきの若い女の子たちはＬＩＮＥで営業するんですね。

「週に２～３回、ＬＩＮＥを送ってもお客さんは来ないんです。どうしたらいいんでしょうか？」

しばしヒヤリング。一度来たお客さんへのフォローでも「売り込みメールと感謝メールは違う。お客さんの心をつかむのが大事だよ。（あえて）僕の本を読んでもらえばその違いがわかる。１５００円。読んで感想文を３００字以上書いて送ってくれたら、もう一回店に行ってあなたを指名する」

まぁそこまで言ったら感想文が来たんです。ちゃんと本を読んで。店に行ったら、彼女が僕の顔を見て泣き出しました。

「お客さんが来るようになった」

彼女は何をどうした？　変えたのか？

以前送っていたLINEメールは、

「今日は中洲に来てますか？」

「中洲は今度いつ来ますか？」

「中洲に来たときにはウチに来てくださいね」

が、本を読んだ後は、毎週月曜日に、

「今週もがんばってくださいね」


何が違うでしょう？

男同士で食事に行くでしょう。飯を食うわけです。わーわービール飲みながら話して、いざ夜の9時ぐらいになると、「今日はどうしましょう？」「あーそうやね。どこに行こうか？」って言うんです。

昨日もうちの従業員と「どこに飯を食いに行こうか？」って。大体浮かばないですよ。頭に。

しかし、さっきのような感謝コミをもらっていると、その時に浮かぶんです。1番に浮かぶ。感謝コミなら。あの子は毎週月曜日に僕の体をいたわる文章をくれる。「今週もがんばってね」というLINEをくれる。それだけで頭に浮かぶんです。

感謝コミとは、売りを出さないフォローのコミュニケーション。相手への感謝や慰労や励ましのメールやハガキや挨拶。LINEでもハガキでも同じです。「どこ行こうか?」って時、「そういえば、あの人からハガキもらってたな」と頭にポンと浮かぶのが理想ですね。

定期的に送るのが大事ですね。一回きりではなく。

人の気持ちって変わりますね。今が1月としたら、3月とか4月には変わるのは普通。いつ買う気になるか? 飲みに行く気になるか? 来週かも知れないし、明後日かも知れない。本人しかわからないですね。

僕ら不動産だったら、

「そうそう、土地を売らんといかん」

「そろそろ、不動産を買わないかん」

と思って弊社に電話をするのはいつか?

お客さんがそう思った時、頭の上にポーンとウチが、一番最初に来ないといけない。以上、自分の売り込みメールと、相手への感謝コミ葉書やメールはまったく違うという話でした。詳しくは僕、古川が書いた本『売りたかったら売り込むな』(あさ出版)に(笑)。

「中洲」ってどんな街?

ビルが100棟ぐらいあり、そこに2300店のスナック・クラブ・ラウンジや居酒屋があります。川と道路で分断されています。福岡市は新幹線博多駅のある「博多」エリアと「天神」エリアに分かれます。このど真ん中が「中洲」です。

私どもは中洲をテリトリーにした地域特化の不動産屋です。

半径500mだけです。

今、年商が2億3000万円。店舗の仲介手数料がメインで、仕入れはございません。すべて粗利です。従業員が20名。銀座とか札幌のススキノとか大阪のナンバみたいなもんですが、中洲だけ特別です。川で囲まれた文字通りの中洲で、さらに大きな道で分断されています。そこに100棟のビルと2300店のお店があります。

バブルとバブル崩壊

就職は、本当は大手ゼネコン希望したんですが、三流大学なのでダメ。仕方なく入ったマンションデベロッパーでも設計でなく、まさかの営業に回されました。

ところが1985年入社当時の年商600億が、1990年には2000億と業界2位に。大阪本社でしたが、夏の社内パーティーは万博のエキスポランドを一社2000名で貸し切り。有名なタレントも呼んで、飲み放題食べ放題でした。

もう夢のような会社でしたね。

「最高の会社だ。このまま主任、係長、課長から、最低でも部長、取締役を目指して、この会社に骨を埋めよう」

と本当に思っていました。

僕が鹿児島支店にいたバブルのピークは、マンション建設を頼んだゼネコンから毎週、歓楽街の天文館で1本10万円のヘネシー高級接待やゴルフ三昧。

新聞に全5段のマンション販売広告を出せば、翌朝から購入希望電話がジャンジャンで勝手に売れる。1日で100部屋完売とかもザラでした。

マンションを建てる土地の物件が出た時も、本社は値段も聞かずに、

「とりあえず買っとけ！」

と完璧に狂ってましたね。

それが平成3年の1月、日経新聞の一面に、貴乃花が千代の富士に勝ったニュースの横に、「銀行が400億円の緊急融資」というウチの記事が出ました。

バブル崩壊でした。のちには破産したんですが、僕が辞める平成7年（1995年）まで、そんなリストラの連続。

九州支店で課長やっていたんですが、50人の部下が次々とリストラ宣告され、最後には私もリストラ対象に。骨を埋めようと思ってたのに。

実は上司から同業他社に、まああの給料も出る条件で転職も打診されたんですが、断りました。辞める直前、昨日まで2200万円で売っていた新築マンションを、「今日からは1400万円で売れ！」と会社の命令が。前に800万も高く買ったお客さんは僕を殺したいですよね。詐欺同然です。

僕はものすごい罪悪感で悩みました。転職してもまたサラリーマンなら、会社の言うことには逆らえない。でも自分が社長になれば、こんな理不尽なことに従う必要はない。それで独立起業したんです。

いざ独立したが……

家賃5万円位のワンルームマンションを借りて、机もコピー機も電話もすべて中古。でも結論から言うと、最初の3年間は家に給料を入れることができませんでした。会社の家賃や電気代やガソリン代チラシ代などの経費を払うと、何も残らないのです。最低の夫ですね。小さな子供2人抱えてた妻が、どうやって生活していたのか、実は今も知りません。怖くて聞けない。

サラリーマン時代はまぁまぁの営業マンでしたが、経営に関してはまったく知りませんでした。まったく。

マンション会社にいたので、独立してもマンション販売がメインでしたが、話があれば一戸建てでも土地でも、何でも売ろうとしました。でもメインは中古マンションの販売。独立したばかりで信用もない。もちろん自分でマンション建てて売る金も信用も何もない。サラリーマン時代にマンションがそこそこ売れたのは、バブル景気と会社の知名度や大量の広告宣伝があったからですね。

結局、銀行さんから不良債権の物件処理、つまり、

「ウチのローンでマンション買ったけど、払えない人追い出して売ってくれるなら、仕事を回すよ」

と言われ、福岡市から100キロ離れた北九州の仕事もしたし、大分や200キロ離れた宮崎や熊本の物件も売りました。

買ったマンションのローンが払えない人じゃないですか。行くと、頭に円形脱毛症だらけの人も普通にいました。

そんなに悩んで、もう自殺しそうな人たちにも、

「あんた、払えないんだから、ここ出ていかないかんよ。処分して売らないかんから」

と追い出すのが大事な仕事。なんか、前の仕事とあんまり変わらんなぁ。これは騙すことではない。だけど……とこっちも悩みながら、払えない人を追い出して、中をきれいにして販売

する仕事をしてました。

こうして預かった中古マンションを売るために、見学販売のオープンルームをしたんですが、告知で大体チラシを1万枚、新聞折込みすると15万円かかる。

サラリーマン時代は会社が払ったけど、起業したら自分で払わないといけない。当たり前ですが。

物件が売れると約50万円の仲介手数料をもらいましたが、15万円のチラシ一回で売れれば利益は35万円。ところが1回で売れるとは限らない。

2回目で売れれば利益は20万円。それでも売れずにチラシを3回巻けば、経費は45万円ですから利益は5万円のみ。その他ガソリン代とかいろいろ経費もかかりますから、やっと売れても赤字とかザラ。

だからチラシ1回目、悪くても2回目までに売らないと儲けがない。

チラシ1回で、オープンハウスに見学に来る人は、何人ぐらいだと思いますか？

実は、せいぜい1人とか2人ぐらいなんですよ。

だから飛んで火に入る夏の虫じゃないですけど、見学に来た人に絶対売らねば！という追い込まれた精神状態でした。

会場で売れなければ夜、お宅にまで伺って、買うと言うまで帰らないとかやってました。

「先に来た方も買う気満々でしたよ。滅多に出ない物件ですから。早く決めないと売れてしまいますよ」

とか、詐欺スレスレみたいな販売もしていました。

こんな感じで、最初の3年間は会社はまさに自転車操業で、自分の給料は取れなかった。


ある時、新築マンションの販売代理を任せてもらえたことがありました。やっぱり中古より嬉しい。福岡市東区の新築マンションでしたが、実際は新築の売れ残りだったんですね。

まぁ、無名の独立したばかりの人間は、信用がありませんから、良い商品の仕入れは難しい。

私と嫁とアルバイトの女性の3人でがんばりましたが、当時はバイパスもなく現地の販売現地に行くまで車で1時間もかかっていました。往復で2時間です。半年で何とか一件売りましたが、赤字でした。

経営戦略を知った今ではわかるんですが、たった3人なのに現地販売所と本店の2カ所でやれば、空中分解ですね。しかも車で往復2時間も離れていた。

その時は悩みましたね。バカが独立しやがってと。

ほんと何にも考えてなかった。

何をしたらいいいんだろうかと、宮崎で電気工事店やってる親父に電話しても、経営の事は何も教えてくれない。どうしようかなぁと追い込まれました。

ランチェスター経営・竹田陽一先生との出逢い

そんな独立から2年後、知人から強引に誘われた中小企業家同友会の勉強会で、ランチェスター経営の竹田陽一先生に会ったんです。

実はその前、昔の本ですが『ランチェスター　弱者必勝の戦略』（サンマーク出版）という文庫本を読んでたんです。読んだ内容はほとんど覚えてませんが、著者に会ったというだけで舞い上がり、ファンになりました。

以来、竹田先生の講演会を見つけては参加。先生が出した「小企業の経営戦略」カセットテープ20本で20万円の教材も購入。大決断でしたが、お金がないので３０００円の分割払いにしてもらいました。笑笑。

こんな高い買い物、嫁さんにバレたら刺されそうな気がしたので、こそっと車に入れて移動中に聴きました。一本聴いたら次のを入れて。追い込まれてたので、ホント擦り切れるほど聴きました。今はCDですが。

「移動時間」がムダだった！

ところがそのテープが言うんです。**「移動時間はムダだ」「見込み客との接触時間が大事」「バタバタして貧乏暇なし＝バタビン」**とか。

当時の僕は九州内を大移動。福岡市内でも西や東を車で2時間位走ってました。でもテープは「近距離じゃないといけない」って言うんですよ。そりゃそうだけど、銀行から処分を頼まれる中古マンションは県内市内のアチコチだし、言われれば県外にも飛んでました。

今考えると、市内近場の良い物件は有力な不動産屋が担当し、後発で無名な私には同業がやりたがらない、へんぴな場所の中古物件しか回って来なかったんです。

チラシも新聞折り込み以外、現地に行って、捨て看を自分で取り付ける。バス停や電柱にも貼ったりつけたり。無許可で。

それが次の朝来たら無かったり。仕方ない。また自分で段ボールに紙貼って矢印をつけ、コソッと貼っていく。寂しかったですね。

売れない帰りに聴くテープも**「長距離はムダだ」**て言うんです。いやーきつかったですね。寂しかった。そのテープはやっぱり、元をとらないかんということもあって、ずっと聞いたんです。

でも1年以上は相変わらず、アチコチ飛び回って〝バタビン〟でした。

やずや創業者との出逢い

そんな時、やずや創業者が主催する経営計画書作成セミナーに参加しました。当時のやずやは年商25億ぐらいで伸び盛り。「香醋」の大ヒットで400億突破する8年前です。

やずや飛躍のきっかけが一枚の経営計画書だったということで、約50名ほどの参加者でした。

ちなみに無償ボランティア開催。

ところが冒頭いきなり「年収1000万円取れない社長は失格。サラリーマンに戻ったほうがいい」と言われ、2回目には参加者が半分以下に。当時の私は会社の年商で750万円。年収は0～100万円ぐらいでした。他の参加者は億単位や数千万円の年商。僕が最低でした。

1人ずつ現状と1～5年後の目標数字や経営計画書を発表し、矢頭社長や皆さんから意見やアドバイスを受けるんですが、ホント恥ずかしくて逃げ出したかった。

「不動産屋？なんかイメージ悪いよね」

とも言われたし。


でも歯を食いしばって、**将来の夢や目標、そのためにやる行動計画**を皆の前で宣言しました。やずやの社長も悩んでた44歳の時、同じく**一枚の経営計画書**を生まれて初めて書いて発表。その当時のやずやは、夫婦とパートさんの3人で年商6500万円でした。

ついに動き出す！

めちゃくちゃ悩んだんですけど、まずは自分の営業エリアを半径500メートルに賭けると決断しました。それまで何十回も「移動時間はムダだ」と洗脳されてたんで。

友達10人ぐらいに相談をしましたが、「お前バカか？不動産屋が半径500メートルでやれるわけがなかろうもん」と。ホント、みんな呆れてました。

ふと**地域の分析**をしたんです。地図を広げて、事務所を中心にコンパスで円を引いて、半径500メートルの不動産市場を計算しました。

中洲の飲食店舗が2300店で、近隣のオフィスや住宅も含めると約6000軒。するとザッと年間30億円！　賃貸仲介手数料で。3分の1でも年商10億円。ハウスメーカーやマンションデベロッパーに比べれば大した売上じゃないですが、賃貸のみなら福岡市でトップ5に入る。この半径500メートルに絞っても。

何かで1番！　小さな1位をめざす！

日本で1番の山は？　富士山ですけど、では2番目の山は？

ほとんどの人は知りませんね。今まで講演や会合で何十回もこの質問しましたが、40名いても知ってる人は1〜3人ぐらいですね。正解は山梨県の北岳ですけど、それぐらい知らないんです、2番は。

琵琶湖が1番。では2番の湖は？

霞ヶ浦。も、ほぼ知らないです。2番以下は。

だから僕は、この半径500メートルに絞って、そこで1番になればいい。ということを、もう嫌というほど聴いたテープが言ってました。**小さくても1番になれば覚えられる。**

さらに遠距離はダメ。営業エリアも絞りなさい。**絞ったエリアで1番になる。**1番じゃないといけない。絞った半径500メートルでも市場は30億もある。前みたいに車でアチコチ行く移動時間はムダ。半径500メートルで1番になると決めました。

ランチェスターのテープが言ってる事がホントかウソか、もうどうでもよかったですね。その反対にアチコチ遠方まで長距離移動してもダメで、3年目に入ってもバタバタ貧乏、バタビンでしたから。

じゃあ何で1番を目指すか？

皆さんも悩まれると思うんですが、竹田ビジネスモデルでは**「商品」「地域」「客層」を絞る**。

僕は「地域」を絞ることを最初に決め、分析すると、絞った半径５００メートルが30億もの市場があるとわかった。

次に「商品」ですが、不動産業では売買や賃貸や管理、新築の建設工事や清掃リフォームなど約50種類の仕事があります。全部やれば総合不動産業ですが、弱者はアレコレやらずに絞る。というわけで資金や仕入れもいらない賃貸仲介に。

さらに「客層」はスグにわかりました。半径５００メートルに絞って全世帯と店に毎週チラシを入れると、香水の匂いがする女性が次々に来店しました。中洲だから当たり前でしたが、スナックやクラブのママさんだったんですね。プラスお店で働く従業員さんの住居も紹介しようと絞りました。

この**絞った「商品」「地域」「客層」で小さな1位企業になる！**と決意。１９９８年36歳の時でした。

「空中戦」ではなく「一騎打ち戦」

なんか戦争用語ですが、小さな会社は広範囲の空中戦はしちゃいけない。**弱者は狭いエリアの一騎討ち戦**だと。

次は、どうやって「営業」するか？

不動産情報誌やネット媒体がありますが、配布告知エリアは九州とか福岡県全域ですね。大手は資金もありますから、媒体の広い範囲に多くの物件広告を出します。金額もそれなりにかかる。

ウチは弱小ですから、そんな飛び道具のメディアに沢山は出せない。テレビや新聞広告も広範囲過ぎる。

結果、福一不動産のメイン営業はチラシ。半径500メートルの六千世帯店舗へ。印刷と配布代で一回3万円です。以前の中古マンション販売は一回15万円でした。広範囲に配っていたからです。

ただし、配布回数は増やしました。何度も聞いたランチェスターのカセットテープに「チラシの場合、エリアを限定して何度も繰り返して入れる」とあったのです。宅配ピザとかと同じですね。

チラシも続けると人の印象に残るのです。**何万枚ものチラシを広い地域に一回配布より、限定したエリアに繰り返し配布する**。テレビCMとか人との出会いも同じですね。読書も。一回見た、一回会った、一回読んだ程度じゃすぐ忘れますね。

恋愛も、何度も会ってると好きになる。

同業の多くはせいぜい月に1回のチラシですが、うちは中洲の狭い範囲に絞って毎週配ります。

それからビル一階に「入居者募集」看板とかありますね。あれも大事な宣伝です、地域限定の。ウチはこの20年の地域密着活動でビルオーナーとも人間関係を築き、中洲100棟のビルのうち、50棟に看板をつけさせてもらってます。シェア5割です。

中洲に行った人にしか見えない。だから一般的には知られていません。それでイイんです。とにかく広範囲のテレビ広告とか意味ないです。

地域新聞を発行

手作り新聞を毎月一回20年間出しています。やずやの創業者が、お世話になってる近隣へ手作り新聞を出していたんですね。やずやさんは福岡市南区の大楠を中心にした新聞です。真似して出して20年です。

内容は地域のイベントや祭り、行事の予定、地元店主や社長の紹介です。**ウチの宣伝は一切入れません。**※毎週のチラシは宣伝です。

例えば２０１９年12月号には、川端にある餃子屋「旭軒」の飯田さんが載ってます。どこで生まれてどんな経緯で今の商売やってるかとか。出た人は宣伝ＰＲになるし、同じ町内で知り合いでも、互いの昔のことは意外に知らない。地元同士の交流が深まるんです。

さらに、これを見た人は、この飯田さんは僕の知り合いだと勝手に思ってもらえるんです。だから地元を歩いてると「福一さん！　今度は飯田さん載ってたね」ってよく言われます。

今はこの地域新聞を楽しみに待っていただいてる年配の方々も多い。嬉しいですねえ。お役に立ってる実感がある。こんな半径500メートルだけの新聞は大手メディアには無理。

これ毎月の発行です。最初のクラブの女の子のLINEとか葉書みたいに、どこかで不動産のことを思いついた時、福一のことを思い出していただける。**この新聞4ページですけどまったく売りが入っていません。不動産を売る場合は福一とか入っていません。これは感謝コミで**すと言いたいですね。

この新聞は地域の人のためのもの。私のほうから何かを買ってほしいとかどうにかしてほしいとか一切入れません。**とにかく感謝コミに徹する。でも不動産のこと思い浮かんだらウチに来るように、**笑笑。

しかし、時間かかりますね。4年かかりました、ある程度の認知までには。

毎回、取材・印刷から配布まで10万円弱かかります。毎月20年間以上継続。**自分で書いたら3回も続かなかった**でしょう。少ない予算ですが、制作のプロに外注したのが良かったです。

5カウントの法則

会社経営ではまず売上と利益が必須。営業マンも。そのために人とのつながりを深くしたい。それは**接触回数**で決まるんですね。

福一不動産には1つの法則があります。それは見込み客に5回会うことです。**人は初対面の人には警戒**します。2回目でもなんかよそよそしい。でも5回ぐらい会えば、初対面の時よりかなり親しい関係になっていますよね。

顔見知りだと声をかけやすいし、相手からも気軽に声をかけてもらえますよね。

回数が増えれば増えるほど親しくなります。できれば最低これぐらいは、という数が5回です。**5回会うことができれば、かなり親しくなれる**と思います。

でも実際には、初めて会って短期間で5回も会うのは難しいですね。でも、**直接会わなくても親しくなる方法を見つけました。電話、ファックス、葉書、手紙、メール、LINEなどを活用**するのです。

福一不動産では人とのつながりを深くする手段をカウント数で計算することにしています。

それが5カウントの法則です。

・会う……………………1カウント
・電話……………………0・5カウント
・FAX……………………0・5カウント
・ハガキ…………………0・5カウント
・手紙……………………0・5カウント
・メール…………………0・5カウント
・LINE…………………0・5カウント

ネットの時代でもやっぱり会うのが1番ですから、1カウントとします。それ以外は間接的な接触ですからすべて0．5と数えます。以上組み合わせて早く5カウントを達成しようというものです。

具体的には次のような感じです。

①知人の紹介で会いました。これは……1カウント
②会ったその日にお礼の葉書を出した……0・5カウント
③会いに行くアポイントの電話をした……0・5カウント
④アポイントの日に会いました……1カウント
⑤会った日にまたお礼の葉書を出した……0・5カウント
⑥少し経ってメールを送った……0・5カウント
⑦近くに来たので顔を出して挨拶した……1カウント

以上合計すると5カウントになります。短期間に親しくなりたければ、なるべく早いうちに**5カウントの接点**を持つことです。

会うのはなかなか難しいですが、葉書やメールや電話はその気になればすぐできます。これをやると確実に仲良くなれます。親しみを持たれます。結果として**営業活動も抜群に**うまくいきます。

ただし、この**5カウントになるのに、半年とか1年以上かけても効果は薄**いです。やっぱり忘れられますから。

福一不動産では3日以内に5カウントを実行しています。まずはお客様が来店された時、希望に合った物件情報を紹介します。そして物件を現場で案内できれば有望見込み客となります。

①来店いただいて接客をしました。……1カウント
②来店お礼の葉書を送りました。……0.5カウント
③物件の資料をファックスしました。……0.5カウント
④ファックス内容の説明電話をしました。……0.5カウント
⑤物件案内の電話をしました。……0.5カウント
⑥次の日に来店いただいた。……1カウント
⑦お礼の葉書を送りました。……0.5カウント
⑧ご案内後の電話をしました。……0.5カウント

大事な事は短期間で5カウントです。当社の社員はほぼ3日以内でどんどんカウントを上げていきます。当然、お客様との距離が近くなり結果的に成約します。

売り上げを伸ばす社員は、この5カウントを理解し実行しています。社員は楽しみながら仕事をしてます。

無理に売り込む必要はなく、お客様との接点を多くすれば、自然に売れるのですから。

例えば月に100カウントを超えると、1カウントが売上1万円に相当します。

営業社員の中には、成果主義者とプロセス主義者がいます。成果主義者の営業社員でも、5カウントの法則で考え方が変わり、行動も変わります。毎日のカウント業務が売上につながるプロセスと考え、仕事をするようになるのです。

例えば、月に150万円の売上を達成しようと決めたとします。1ヵ月の稼働日は平均22日、プロセス主義で考えれば、1日あたり8カウントで目標が達成できると分かります。

こうして無理をすることなく、楽しんでカウントを上げていきます。**楽しみながら目標達成**することができるというわけです。

今ではこの5カウントのクラウドソフトまで作りました。自分や全社員が今、カウント数でどれぐらいかが、一目瞭然です。

「売上を上げろ！」ではなく、**行動したカウントが積み重なっていくに比例して売上が上がるので、まさに楽しいゲームを皆でやってるような感じ**です。

この5カウントゲームは最高です。ぜひおすすめします。クラウドソフトの販売もしてます。ご興味あれば資料請求ください。笑笑。

「商品」「地域」「客層」を小さく限定し、**それぞれ小さなNo・1になる**ことで覚えてもらえました。結果として、**従業員一人当たりの経常利益は業界平均の2倍半**になりました。

ぜひ皆さんも**「小さな1位」企業**を目指してください。

質疑応答

質問：1位になるまでの期間は？

最初の2年は、売れるものなら何でも扱い、どこにでも行くし、誰にでも売ろうとしてバタビンでした。経営戦略に気づいた3年目に、商品をスナッククラブ居酒屋の賃貸の仲介だけに絞りました。

不動産業といっても、戸建ての家もマンションもアパートもビルや工場など、いろんな商品があり、さらに業務も売買、賃貸、管理、建設、リフォーム、清掃などざっと50種類ぐらいに分かれます。

大手の総合不動産屋さんは全部やりますが、ウチはスナッククラブ居酒屋等の賃貸仲介のみに絞りました。売上や利益が大きな売買や建築はしません。

扱う「商品」を50分の1の賃貸仲介のみ、さらに半径500メートルの「地域」と「客層」も飲食店と絞った時点で、つまり「中洲の飲食店専門の賃貸不動産屋」では瞬時にオンリーワンになったと思います。

この当時月商60~70万円でしたが、地域を絞って半年後には月商300万円になり、本当に驚きました。年商も倍増の2000万円に。数年で年商1億円を超え、10年後には2億円になりました。

中洲で新規にお店を出すお客さんに限れば、たぶん5年後ぐらいに1位になったと思います。

それがストックしていって既存客になり、毎年の新規客と既存客を合わせて中洲で総合1位になったのは、7~8年後ぐらいじゃないでしょうか。

私どもが中洲でやる前は、既存店は他のどこかの不動産屋に頼んでいたわけです。ビルのオーナーやお店の大家さんも。その管理やテナントの募集を、いきなり新参者の福一不動産へ変えることはない。

これを先ほどの**地域新聞や毎週のチラシ、さらに町内会やＰＴＡや祭りなど、仕事以外の私生活も中洲に投入**しました。嫁さんや女子社員も中洲女祭りに参加してもらい、私も博多山笠祭りに一番下っ端で参加。はるか年下20歳の先輩から「古川！ビール持って来んかー！」と怒鳴られながら。

屈辱的で泣きそうでしたが、中洲Ｎｏ・１を目指し、社員も家族も子供も巻き込んで、必死の肉弾戦接近戦でやりました。

こんな仕事以外のことまで、ライバルの不動産屋はやりません。東京や大阪本社の福岡支店サラリーマンはもちろん、地元の不動産会社も、大半は天神や博多駅など大きな市場がメインですから。

ウチは**同業他社が嫌がる夜の街**、この半径500メートルで20数年毎日5カウントをやり続けた結果、中洲で新規にオープンしたお店が10店あれば、うち9店はウチが仲介というぐらいにまでなりました。

新規に限ればシェア9割です。中洲に5件あったライバルは1件のみになりました。

半径500mっていう根拠はなんですか?

小学校区です。私どもの旧博多部って本当に山笠に出て、みんな地元の生まれ育ちで、この博多部は校区で分かれています。冷泉小、奈良屋小とか四つの小学校区の集まりなんです。

それも大きな道や川で切れる。**道を超えると商圏が変わる**。間違いなく変わります。大きな道と大きな川で分断されたところをテリトリーにしています。各校区の学校PTAにも全部参加活動し、父兄お母さんに認めてもらう活動をしてます。

新規の問い合わせはネット？アナログ？

ほぼ看板と紹介です。ランチェスターで学んだ、**狭いエリアでの一騎討ち戦**です。中洲には一〇〇棟の飲食店ビルがありますが、その50棟のビル一階には福一不動産の「入居者募集」看板があります。

中洲で店を出そうと思う人は、必ず街を歩き回ります。他の不動産屋で紹介された場合も。するとウチの看板が目に付く。他の不動産屋は自分の管理物件だけ紹介するんですが、ウチは他社の物件も紹介します。個人の引っ越しでもそうですが、物件探しでは、複数の不動産屋を廻りますね。

大事なのは来店していただいた後。たいていの不動産屋は物件紹介してほったらかしですが、ウチは5カウントの法則でフォローします。

既存客からの紹介が多いのも、毎週の物件チラシと月イチの地域新聞の発行、さらに飲食店オーナー向けに繁盛店交流会や経営勉強会も20年間以上開催。

単に店舗を紹介して終わりでなく、紹介した後も経営パートナー、地元の同士としてのつき合いを継続。

負けるはずがありません。

◆栢野のコラム◆

古川さんと初めて会ったのは、やずや創業者が主催した経営計画セミナーでした。参加者が約30名。私も古川さんも独立して3年目位でした。当時の私は広告代理店を2人でやって、年商は3500万円位でした。参加者は約30名でしたが、ほとんど中小零細で年商も多くて1〜2億。みんなせいぜい数千万円でした。ところが古川さんだけ年商750万円。各自の自己紹介で数字まで正直に発表したんですが、派手なイメージの不動産屋で1000万もないのかと見下され、話の流れで不動産屋＝良くないイメージが会場に流れ、古川さんは小さくなってました。竹田ランチェスター戦略の勉強はしていたようでしたが、「**弱者の戦略**」の基本である「**商品**」「**地域**」「**客層**」を絞ることに悩んでいました。当時の古川さんは「何でも」「どこにでも」「誰にでも」売りに行ってました。が、やずや創業者の叱咤激励でスイッチが入り、「中洲半径500メートル専門でやります！」と書いた**経営計画書を皆の前で宣言**。わずか半年後には以前の月商70万が200万になって、私もびっくりしました。あれから22年。定期的に会う仲ですが当時は嫁さんと2人だったのが今では約20名で年商も2億を突破。ほぼ粗利です。役員報酬や会社の経常利益も25％前後です。すごいですね。

古川さんはぱっと見は身長も高く強面で元ヤンキーみたいな雰囲気もありますが、仕事や社員や地域活動は極めて真面目です。今回は2020年1月のミニセミナーを再現したものですが、ぜひアマゾンで検索をして、古川さん著書2冊の本を読んでください。私のような口先評論家の何倍も素晴らしい生の実体験が書かれています。一つでも良いですから、実際にトライしてください。私は昔、広告業でしたが、先ほどの看板でほぼ集客には驚きました。地域を絞って仕事も私生活もどっぷり20数年。「商品」「地域」「客層」を絞る。そして営業とフォローは5カウント。アッパレです。見習って共にがんばりましょう！

●竹田ランチェスター戦略のポイント

ランチェスター戦略の特徴の一つは、圧倒的1位企業がやる「強者の戦略」と、2位以下の「弱者の戦略」をはっきりと区別したことです。この二つのやり方は、まったくの逆。

当たり前ですが、世の大半は2位以下ですから、大企業でも後発や、世の99,7%を占める中小企業や個人自営業は「弱者の戦略」です。

さらに、何かの業界で圧倒的1位の強者である大企業でも、後発となる新規事業や子会社・新商品は「弱者」の立場。もちろん、独立起業者は100%弱者ですね。

◆「強者の戦略」※1位の会社、または大企業に多い。

①総合1位主義・全体1位主義
②市場規模が大きな商品・地域・客層を狙う
③商品・地域・客層の幅を広くする
④テレビなど派手なマスコミ広告宣伝を使う

⑤商社や問屋ルートで全国の小売店へ一気に間接販売
⑥設備が重装備
⑦後発や2位3位のマネをして潰す

◆「弱者の戦略」※業界で2位以下、99％の中小企業はコチラ

①小規模1位・部分1位主義
②強い会社と差別化。強者と違ったやり方
③強い1位とは戦わない。自分より下位や勝ちやすきに勝つ
④勝ちやすいものを発見するために対象物を細分化
⑤強みに集中して弱みは捨てる
⑥エンドユーザーへ直販
⑦営業はお客に直接接近戦
⑧営業地域は近場重視で範囲は狭く
⑨実行目標は一つに絞り、個別目標達成主義
⑩目標に一点集中
⑪イノベーション。過去にとらわれずに新しいことをやる

⑫軽装備。見栄をはらない
⑬長時間労働
⑭自社の大事な経営情報は隠す。隠密戦
⑮弱者は調子に乗るな。小さな成功で生活を変えない。

さらに「弱者の戦略」ポイントを4つに絞ると

①差別化　弱者は、強い会社と違うことをする。
②一点集中　弱者は、あれこれしない。一つに絞る。
③小さな1位　弱者は、小規模1位、部分1位。何かで1位。
④接近戦　弱者は、エンドユーザー直で営業する。

経営の8大分野・竹田ビジネスモデル

①商品（なにを）差別化・1位・一点集中
②地域（どこの）差別化・1位・一点集中
③客層（だれに）差別化・1位・一点集中
④営業（どうやって新規客をつくるか）接近戦

※竹田陽一DVDテキストより抜粋

⑤顧客（リピート・ファン・信者づくり）接近戦
⑥組織（人事・研修・やる気・活気なども）
⑦資金（調達と配分）
⑧時間（働く時間）

福一不動産の場合

①商品　飲食店舗の賃貸仲介で1位に一点集中
②地域　中洲半径500ｍで1位に一点集中
③客層　中洲の飲食店主向け1位に一点集中
④営業　来店3日以内に5カウントの接近戦

あなたの場合は？

①商品　どんな商品に絞って1位を？
②地域　どこの地域に絞って1位を？
③客層　どんな客層に絞って1位を？
④営業　どんな接近戦で5カウント？

⑤顧客維持　どんなフォローでリピート客に？

ヒント　強いライバルが無視する・常識の逆！

①商品　手作り・めんどくさい・ダサい・ニッチ
②地域　地方・怖い中洲・県境・離島・ｅｔｃ
③客層　ライバルが無視・右脳・情弱・ｅｔｃ

※竹田ランチェスター戦略をざっくり学びたい方は、拙著『小さな会社の稼ぐ技術』（日経ＢＰ社刊）『小さな会社☆儲けのルール』（フォレスト出版刊）を。深い理論を学びたい方は、『ランチェスター経営がわかる本』（フォレスト出版刊）を。さらにＣＤ・ＤＶＤで学びたい方は、「ランチェスター経営」のサイトへ。

■第2章■

事業失敗・借金・夜逃げから「逆転人生」

◎「唐揚げ弁当」で九州一から日本一へ「儲ける戦略」

豊永憲司

唐揚げ弁当「博多とよ唐亭」を40店展開する株式会社喰道楽の代表取締役。1970年福岡市生まれ。福岡大附属大濠高校卒。事業の失敗やサギで借金1億夜逃げ。小さな焼き鳥屋経て、誰でもできそうな2坪の唐揚げ弁当屋が大当たり！

◆栢野のコラム◆

豊永さんは私が主催の勉強会にイチ参加者で来てたんですが、自己紹介タイムで「唐揚げ弁当屋です」「……あっそう……」と見下しスルーしてました。他にもっと凄い社長が居たんで。ところが9店舗（2020年4月現在は40店）やってる？一店で平均月商300万らしいが、中には月商500万円の店もある？なんじゃそりゃ？とフェイスブックのメッセンジャーで根掘り葉掘り聞いてたら、トンデモナイ男でした。何度も商売失敗して夜逃げの経験も。そんなダメ人間が当時で9店も唐揚げ弁当屋を。ザッと年商3億ぐらいか？2014年のことです。聞けばまだ3年目。翌日、当時の嫁（捨てられました）と車で福岡の郊外店へ。ボロいほか弁屋みたいで接客もサイテー。330円弁当を車の中で食べましたが、まぁこんなもんか。「唐揚げ弁当なんてどこにでも売ってるわよ」と妻。私はほぼ外食しないんで気づいてなかったんですが、そういえばコンビニやスーパーで普通に売ってるし、大手ほか弁チェーンやその辺の飲食店でも定番メニュー。何であんな汚いボロい店で9店舗も？

「**あの程度ならオレでも出来るかも？ノウハウ聞き出そう♪**」と翌年、豊永さんの起業ストーリー聴く勉強会を主催しました。過去に失敗たくさんしてるのもイイ。独立した人も必ず痛い目に遭うし、大半は赤字で苦しんでますからね。その人たちも勇気出て役立つだろう。さらに、なんか「１００店舗を目指す！」とか言ってるんですが、その手の拡大志向社長はやり過ぎてよく消える。今のうちに聞いておこう（笑）。というわけで「博多とよ唐亭」豊永さんです！
※今は40店舗もやってますが、あえてチャレンジ数年9店舗の頃の肉声です。

ほんとうの、経営者登場

はじめまして。会社名はですね、株式会社喰道楽。お店の名前は「博多とよ唐亭」という名前で、まぁ「唐揚げ弁当」売ってるお店です。

最近ちょっと売れただけで、数年後に消えてる可能性も大ですけど、現状や僕の生い立ちとか、栢野さんからぜひ喋ってくれと。僕、人前で話す事はまったくないんで、正直めちゃくちゃ緊張してます。

最初の店は福岡県筑紫野市の二日市駅前。ＪＲでなく西鉄の方です。ロータリーの角で２坪位の小さなお店です。以前はゲームソフトの店でした。**ちょっといかがわしい感じの**（笑）。そこが「ちょうど出る」とたまたま行った不動産屋さんで聞いて、「じゃあ出たらウチに貸してください」と予約をしました。

そこが２０１１年の創業店で家賃が５万円。内外装は50万円ほどでした。以前、建築業やってたんで自前で。**お金ないんで厨房機器とかも全部中古**。看板も今のようなやつでなく、ただ唐揚げ弁当って書いただけ。

駅前ですけど、ちょっと目立ちにくい場所で間口も２メートルない。今もそこは借りて３倍ぐらいに拡張しましたが、当時は間口が狭過ぎて、お客さんが通り過ぎてもわからないぐらい。

初日の売上は確か２万円位。僕とバイトで始めましたが「これはもう、人件費払ったらお金残るレベルじゃないな」というのが正直な気持ちでしたね。

それがスタートでしたが、駅前なんで人通りは結構ある。そのうち、通りすがりで「何かある?」と気づいたお客さんがだんだん増えてきて。初月で200万円位売れたんです。2坪で。3ヶ月めで月商300万ぐらいになりましたね。

※大手ほか弁チェーンFC加盟店で月商300万〜400万円。

僕も朝から晩までお店に入って、アルバイトの給料引くと70〜80万円は残りました。

「これは当たったかも」

調子に乗って2店舗目、博多と小倉の間、新宮のショッピングモールに出したら、これがドン!と当たって月商500万円超えることも。

次に福岡市東区の土井という、後でお話ししますけど、以前、焼き鳥屋やっていた店を唐揚げ弁当屋にしたんですが、そこはダメで閉じました。

それから長者原店、高砂店と出して、福岡空港近くの激安スーパーの駐車場にも出店しました。あそこの客層はめちゃくちゃ。朝、駐車場に行ったらもうゴミだらけ。夜中にいろんな奴らが来て散らかし放題。おばちゃん連中もコーヒー空き缶コロンと転ばしたり、車の灰皿そのままポンポンポンポンと外に捨てたり。という立地なんですけど、結構売ってますね。月商400万円近く。

翌年、一軒家の事務所と小さなセントラルキッチンを拡張しました。本社事務所は今でもボロ屋ですけど。

次に福岡市南の大野城に出しましたが、今ひとつでしたね。まぁぼちぼち売ってますけど。それから福岡市中央区唐人町。これまた2坪と狭いお店です。地下鉄の駅そば。その後に糟屋郡の志免店。僕の地元なんですけど。

そしてこの4月に博多区の那珂という筑紫通り沿いにオープンしました。10店目は白木原ですね。もう一つ、博多駅東に物件申し込み入れました。もう手当たり次第、やっちゃおうかと。もう勢いで。笑笑。まぁいつ無くなるかわかりません。正直なところ。笑笑。

今、アルバイトパート含めて120名位。最初は僕も1号店からお店に入って。2号店も入ってましたね。それからは少しずつ抜けるようにしました。今は昼間、結構空いてますんで、遊んでください（笑）。

まぁ出店が仕事みたいになって、前みたいに朝から晩まで現場で働くってことはないですね。

（会場参加者から） 経営者ですね。本当の。

いやいやそんなことないです。来年はもう無いかもしれません。笑笑。

生い立ち

なんでこいつ唐揚げ弁当なんてやってんだ？ という事でしょうが、1970年、昭和45年生まれです。生まれたとこが博多区の月隈ってところです。昔は長屋で昼間っから酔っ払いが転がってるようなところでした。笑笑。今はきれいな市営か県営の団地ですね。

裕福な家庭ではないです。両親は一生懸命頑張って働いてくれていたので、めちゃくちゃ貧乏とか苦労じゃないけど、**貧しいんだなぁという実感がありました。その辺は僕の根底にある**のかなぁとは思います。

長男として生まれ、性格は目立ちたがり屋のかっこつけ屋ですね。写真撮るときは今の看板みたいなポーズやってました。

当然ながら？ 悪い道に走っていくわけですよ。当時、憧れていたのが横浜銀蝿。小学生でサングラスとかかけたませた悪ガキでした。卒業アルバムで将来の夢とか、みんなパン屋さんとかパイロットでしたけど、僕、社長って書いてました。

ちっちゃい時から社長になりたかったんですね。社長って何かわかってなかったんですけど、なんか偉そうでかっこいいかなと。多分そういったところであったと思います。僕はまぁとにかく社長になりたい。母が病院に勤めてましたが、

「いつも院長からいじめられている。どうせいじめられるんだったら、トップになれ。世の中に出たら、絶対トップになれ！」

と母から言われてました。ちっちゃい時から。**その辺の影響もあったか**なあと思います。

中学校では3年生の時、体操部を作ったんですよ。これって僕、創業者ですよね（笑）。担任がオリンピックを目指していた先生で、バク転でぐるぐる回ってかっこいい。これって女の子にモテるかなと思って、校長先生にお願いして体操部をつくりました。小学校も中学校もちょっとひん曲がってました。

万引きとかもよくやってました（笑）。当時ウォークマンの時代ですよ。カセットテープの。ポケットに入れてベスト電器から帰ってきたり、ディスカウントストアのヘルメットかぶってそのまま出て先輩に売ってとか。アイスクリームとかも盗んでましたね。袖のポケットとかに

いっぱい詰めて。スーパーの出口でとめられ「あんた！そこに入れてるの出しなさい！」とか。まぁいたずら坊主でヤンキーでした。

高校時代になるとロックンローラーに憧れ、ポマードで髪をセットして、中洲のケントスとかいう店の前でウロウロしたり。お金ないんで中に入れず。

ちなみに高校は3回ぐらい停学（笑）。ギリギリで卒業しました。1年浪人しまして、現役の時に一応、福大受けてダメだったんですけど、高校は大濠高校だったんですよ。だから馬鹿じゃない。

一浪して九州産業大に行きましたが、学校あんまり行かず、引っ越しのアルバイトを一生懸命やってました。中学校3年からやってたんですよ。本当は高校生からじゃないとダメなんですけど、ちょっと年齢をごまかしてアルバイトに行ってました。

引っ越しで商売を始める

ある日、引っ越し会社の営業マンが持ってる見積もりを見たら、結構な金額を取ってるんですよ。今は安いんですけど、当時の引っ越し代は高かったんですよ。ちょっとした引っ越しでも10何万円位で、これ儲かるんだと単純に子供の発想で。これ仕事でやったら、俺、運転もできるし、自分で引っ越し屋をやろうと思って。知り合いのお姉さんの家が引っ越しすると聞いて「見積もり来たら見せて。オレが安くします」と10数万円を10万円でやりました。

夜中にその会社のトラックを〝借りて〟、段ボールも借りて。会社に秘密で。それ以外に紹介なんかでお客さんが増えてきて、これちょっとあんまりこれ以上やったらやばいと、以降は会社に全部話し、いくらかマージン落とすからと、保険もかけてやってたんです。

当時大学生ですよ。学校行きながらそんな感じで引っ越しの注文をとって、小遣い稼ぎみたいなことをやっていました。

一番大きかったのは黒川温泉旅館の引っ越しをしたんですよ。友達の友達つながりで、黒川温泉の川のこっちから対岸へ引っ越すとか、結構大きかったですね。僕にとっては一大プロジェクトで、友達に「引っ越しするからお前ら来い！」ってアルバイトたくさん集めて。

でも学生なんで舐められ、値下げ下請けイジメみたいなこともされました。でも妙案が。「お前ら明日は全員休め！」と電話して、当日「あれ？　今日は誰も来ませんねぇ」。学生バイトを連絡するフリして「実は給料上げて欲しいとストライキされました。日当値上げＯＫなら、電話1本ですぐみんな来るそうです」笑笑。

でも、専門業者より、はるかに安かったですよ。三方良し。みんな喜んでました。

同じ頃、仲間でロックンローラーのチームを作ってたんです。どんどん大きくなって、北九州とか大分にも広がって、関連イベントもやって小遣い稼ぎしました。

その頃から商売が好きだったんでしょうね。イベントでコーヒーとかジュースを仕入れて売ったり、イベントのテントを張ったり。あれ上手にやったら意外に儲かるんです。飲み物なんか原価があってないようなもん。ウーロン茶とか自分でヤカンで沸かしてましたので、原価タダみたいなもんですよね。

イベント終わったその日に、みんなで上がりを分け合って。そんな小遣い稼ぎをしていました。

小学校の時から社長になりたいと思っていたんですけど、このまま学校卒業したら多分サラリーマンになるなと。大学4年になり、周りの友達がどこどこに就職したとかそんな話になるじゃないですか。僕の場合は就職まったく興味なかったんですが、やっぱ揺らぐわけですよ。

「マズいな。このままだと俺もサラリーマンになってしまう」

と恐怖心がずっとあったんです。

でもこの後に失敗ばかりした時は、

「ちゃんと就職しとけばよかった」

とも思いました。

マルチ商法にハマる

そんな時、東京に行ってた友達が帰ってきて、僕に儲け話を持ってきたんですよ。あとで知りましたが、いわゆるマルチ商法みたいな浄水器販売。会合に行くと、

「夢が叶う！　儲かる！」みたいな。笑笑。

その話を聞いて**バーン！と燃え上がって、**笑笑。実際めちゃくちゃがんばりましたね。まだ大学生だったんですけど、速攻で学校辞めて「俺はもうこれで行くぞ！」みたいな勢いで。誰かを引っ張り込んで、その人がまた友人知人へ売って組織を広げるマルチレベル販売ですね。

一応、福岡では一番大きな組織になりました。

九州で一番と言いたいんですけど、熊本にもうちょっと大きな組織がありましたね。でも見た目はお金を持ってるフリしてましたけど、実際はそんなに儲けはなかった。まぁ自分が生活するぐらいは稼げていましたが、人に勧誘で言ってるほどは稼げませんでした。

その浄水器のマルチ商法、ネットワークビジネスは22歳まで3年位はやっていました。そこで良いこともたくさん教わりました。役立ったことも。

まぁでも、これを一生やっていくのはちょっと難しいよね、という気持ちもすごくありました。

美容商材の販売

そんな時、化粧品メーカーの社長さんと代理店をやっている社長と出会ったんですよ。お二人は当時40代でしたが「こういう風になりたい」と憧れました。こうして22歳で化粧品と美容商材の代理店に。

化粧品と痩せる?器械リンパ○○という痩身器具とか美顔器とか、いろいろ売ってました。

僕は友人知人へ紹介販売やってたので、友人の家に友達を集めてもらって、デモンストレーションしました。ジャパネットみたいな宣伝講習ですね。

割と即効性がある美白化粧品で、塗ったら顔がきゅーと白くなるみたいな（笑）。さらに美顔器は使った右と左で全然違う。

「わー！」と盛り上がって、その場で30万円位のクレジットを組んでもらって。そんなのやってました。

そこで**「モノを売るって楽しいな」**と純粋に思い、単なる代理店じゃなく自分で会社を構えよう。当時22歳です。仲間の男5人ぐらい引き連れ、今もある大神のパインクレストビルに事務所を構えました。

「総合商社」で行き詰まる

男5人で電話1台ファックス1台ぐらい。そこでテレアポ販売や卸売り?·通販の真似もやりました。ありとあらゆる良さげな商品を集めてみんなで売る、みたいな。「こんな節電の機械があるよ」とか。片っ端から仕入れて売れそうな人に売る。と「オレたちは総合商社！」とか言ってましたね、笑笑。「売れるものは何でも扱う！」と。

でも最終的には行き詰まります。飯を食う金もなくなり、これはダメやなと解散。法人ではなく負債もそんな大きなものはなかったんで、とりあえず解散！　みんなありがとねー！と。22から25まで3年ぐらいやりました。今、考えてもほんとに何かようわからんことやってました。でも楽しかった。同世代の仲間とワイワイ言いながら、

「夢だ！　目標だ！」

「夢だけで、飯食おう！」

それぐらいの勢いでやってました。

ホント楽しかった思い出がありますが。

掃除屋さんになる

次は何をしよう。僕に何ができるかなぁ？　と毎日試行錯誤してました。25歳の時。ある日

たまたま、どっかのマンションでバケツを持ったおばちゃんたちが、バケツに雑巾をぶち込んで。まぁ掃除のおばちゃんがマンション出たり入ったりしてました。よくいらっしゃるじゃないですか。

「おばちゃん！　何しようと？　何？　その仕事？」

って僕が話しかけたんですよね。

「いや、掃除しよったい！」

「掃除どうやってやると？」

これ、俺でもできそうみやな。

「どっから仕事をもらいようと？」

「ここを管理しとるところ。不動産屋とか、そんなところから仕事をもらってね」

「へー、ありがと。おばちゃん。俺、始めるけん」

と掃除を始めたんです。

それから掃除屋さんになりました。

おばちゃんから「不動産屋がいい」って聞いたんで、不動産屋さんに営業行って、

「僕、掃除しますんで、させてください！」

ここから僕のまともな商売なんですよ。ただの掃除屋さんなんですけど、ちゃんと営業して仕事をとって。

アパートとかマンションで人が退去したら、掃除して中をきれいにする作業が発生する。空いてた市場です。そこを取りに行こう。まぁ掃除ぐらいだったらできる。簡単だと考えていました。

まぁ実際にやってみたら、実は掃除って大変なんですけどね。少しずつ少しずつ増やしていって。

さっきの飛び込み営業、僕も相当やりました。タウンページ持ってきて、なになに不動産という名の所には一件ずつしらみつぶしに「掃除します！」で仲良くなって仕事をもらうようになりました。

ただまぁ、汚い仕事です。**惨めな思いもいっぱい**したんですよ。後々、いい肥やしになりましたが。

その前に5人で得体の知れない総合商社やって、最終的には解散しましたけど、実はすごく悔しい思いをしました。初めて泣いた記憶があるんです悔しくて。車を運転しながら「畜生！」って泣いた記憶があります。

掃除屋さんの時も、実は**泣きそうになることが何回も**あったんです。ビルのトイレ掃除とか、共同トイレを掃除をしてたら、ヒールを履いたキレイな女の人が横をひょいっと飛んでいくわけです。「汚ならしい」みたいに。ほんと惨めで。

あと、飲食店のフードとかダクトの中とか、油ベトベトの掃除ですね。カッパを着てドロドロになりながら。

でも、**「俺はいつか大きくなるぞ！」**と思って毎日やってました。

それくらいの頃、作家・講演家の岡崎太郎さんの会社に行って「掃除さしてください！」と飛び込みに。そこでいろんな商売のヒントをいただいた記憶があります。

内装工事へ進出

そんな感じで掃除屋さんに。当時、僕ともう1人アルバイトの2人でやっていました。翌年、少し商売もうちょっと大きくしたい気持ちが出てきて、内装工事をするんですよ。アパートマンション賃貸で住んでた人が出て、その後に何か工事をしてきれいにするんですね。壁のクロス張り替えたり天井塗ったりいろんな仕事が。

出入りしてる職人を捕まえて仲良くなって「お金いらんからちょっと教えてください」とまぁ弟子入りですね。塗装屋さんとかクロス職人さんとこ行って習ったりとか、そんなこんなで大抵の事は何でもできるようになりました。

すると仕事の幅が広がって人も増え、だんだんと「豊永のところに頼んだら、何でもできるよね」とみたいな感じになってきました。

どんどん仕事が増え、気がついたら年商1億円位になってたんですよ。売り上げ的には。現場で外注を使わずほとんど自分たちで。だからこそ意外にお金も残ったり。まぁそんな感じでやってました。

職人気質の業界は狙い目

内装業界は職人気質が強いんですよね。だから営業は割とチョロかったです。ライバル競争で。本気でもう一回やったら、今でもいけるかなと思います。

職人気質が強い業界って穴場ですよね。要は、提案や営業が上手な人がやれば、意外に簡単に仕事が取れ、アフターフォローもまぁやるんで、あそこの業者はいいよねとなってくるんですよ。

ピーク時は10人ぐらい社員を抱え、年商も二億八千万円まで行きました。調子乗って増改築とかもやったんですが、その頃地元では車に看板がどーんと入ったのを走らせていたんで、割と地元では有名でした。

当時32歳位でしたけど、取引先社長の勧めで中小企業家同友会に入ってみたり。少し売上も上がって社員もまぁまぁいて、「ちょっとカッコイイねー」って自分思ってました。

飲食店で失敗！二千万円をどぶに捨てる

そして店舗工事に少し手を広げていくわけですよ。飲食店とか商業施設の工事デザイン設計とか、どんどん広げていこうと考えていました。

ちょうどその頃、栢野さんの本も読みましたね。青い本。竹田先生とかランチェスターのことを知って勉強会にも行ったんですよ。大名のほうに。カセットテープも買って。会社として形になってきたんで色気が出てきました。ここからが間違いの始まり。バーを、飲食のお店をちょっとしたいと思いました。

お客さんの飲食店を作ることが多くなると、やっぱり自分の店も作りたいなと。少し小銭もあったんで、福岡県糟屋郡の志免町、地元なんですけどバーを始めました。二千万円かけて。何もわかってなく、バカでしたねー。カッコ付けて。

それから半年ぐらいしたとき、福岡の海の中道公園で例の、市役所公務員が飲酒運転事故で子供が溺れ死んだ大きな事故がありましたね。そっから売り上げ半分ぐらいに。

もともと赤字かトントンくらいだったところに、飲酒運転大事件で一気に大赤字転落。結局1年で店を閉じました。二千万円ドブに捨てちゃった。

詐欺で三千万円やられる

そして本業が傾きだしたんです。まずは取引先が潰れた。大手の工務店さんとも結構取引をしてましたが、その頃割と倒産ラッシュでした。建築業界も悪い時期で、回収できないケースが立て続けにあったんです。

知り合いの紹介でつけ麺屋さんのオープン工事をウチがして見事に引っかかって。その後は居酒屋さんですね。工事したんですけど引っ掛けられて。立て続けにやられましたね。売掛回収できないのがボコボコ続いたんですよ。業界自体も悪い時期ではあったんですけど、博多駅地下のつけ麺屋さんでしたが、サギでした。

友人から「こういう人が今度、つけ麺屋さんをしたいと。紹介するよ」と紹介してもらって。この友人もサギとは知らなかったんですね。詳細は省きますが、これで三千万円位引っかかりました。裁判所にも何回か行ったんですけど、回収できませんでした。

ついに借金1億円に！

これで会社がヤバイくらいに傾きました。それを察知して営業マンとかもだんだん辞めていくんですね。お客さんに「今度独立するから」と、辞めた奴らがうちのお客さんを持っていったんです。僕も悪いんですけど、辞める前からちゃんと裏工作でお客さんをつかまえて。それを見て、また別の営業マンが同じことやるんですよ。笑笑。だからお客さんもボーンとなくなって。借金ドーンでしょう。もう最悪でしたね。

ひどいのになると、うちのお客さんがリフォーム部門を作るからと、うちの人間ごと引っこ抜いていたことも。後で発覚したんですけど。ここが一番辛かった時期ですね。ほんとに酷かった。僕が35歳くらいの時ですね。

とりあえず払わないかんもんは払わないかんということで、銀行さんとかに助けてもらって借金して。でも途中からもう、首が回らなくなって。

借金したのは1億円くらいです。人もほとんど辞め、最終的に残ったのが1人ですね。見習いみたいな大工崩れが1人残りました。行くとこ無かったんですよ。笑笑。この人はよそから来たんですが、僕のもとで働きたいという信頼関係もあったんです。その人以外は全員、いなくなっちゃいました。

精神的にやっぱり寂しかったですね、その頃は。まぁ話せば、その時代の苦労話ってたくさんあるんですけど。まぁそういう時期がありました。

ミートパイが当たる！が……

そっから僕はめげずに飲食のほうへ。以前、オーストラリアに行った時に食べたミートパイ。パイ生地の中にひき肉の味付けが入ってる、向こうではメジャーな食べ物で、アレいけると思って。

もうほんとにお金がない状況だったんですけど。いっぱつ当ててやろうとミートパイを始めました。

これが当たったんです。意外と。最初から結構出ました。地元テレビの番組に何度も取り上げられ、ラジオとかタウン誌にも取材されて。これいけるぞ！　と一気に3店舗まで拡大しました。

ところが1年で終わりました、見事に。笑笑。結果としてはブーム商品で終わりました。ブームになるように僕は仕掛けたんですけど、続きませんでした。商売ってやっぱり難しい。

次はクレープ屋へ

その後すぐ、今度はクレープ屋さんをやりました。なんでやったのかいまだによくわかんない。自分でも、笑笑。鳴かず飛ばずで、すぐやめました。地場の広いショッピングセンターのトリアスで一応テナントですね。一番端っこの隅の小さな店で5坪ぐらい。そこでクレープ屋さんやって失敗。

内装業から飲食店にチャレンジは、最初のバー、ミートパイ、クレープ屋と連続で失敗。その頃が借金、取り立てのピークなんですよ。

「ウツ病」で対抗

借金取り立ての電話がかかってきたら、ウツ病のフリしてました。基本的に電話取らないんですが、もしかして仕事の電話？　取り立てだったんです。しまった！　そういう時はウツ病のフリしてました。

「オレは、、うーうーウワワー！」

「何やオマエー！　死ぬぞ～！」

「それ以上言ったら、オレは死ぬぞー～ー！」

というのが僕の殺し文句でしたね、本当に（笑）。

「お前の名前書いて自殺する‼」

って、ホントに言ってました。

「お前！　名前何やー！⁉」

「何とかやな。わかった。お前の名前、手に握りしめて自殺する」

って。

会社は電気つけないんです。止められてましたから。お金払ったら戻るんですけど。必要な時だけお金払って九州電力に電気つけてもらって。パソコンも途中で使えなくなったり。

お客さんが来るような会社じゃなかったんですけど、「コンコン」と来たら音をパッと消して。そー〜と歩いて外見て「あーどうも！こんちはー！」って。ポストにのぞき穴があって、そこで誰が来てるのかを確認して必ずドアを開けてましたね。そんな感じで。気がついたら取り立てが来るみたいな。

ヤクザ系はなかったですね。知り合いの紹介で、ちょっとそれっぽいところから借りたことはありましたけど、やっぱヤバいなとスグ返しました。

借金はちゃんとした金融機関がメインだったんですけど、まともな銀行さんも結局、最後は不良債権をサービサーみたいなところに安売りしちゃうじゃないですか。債権回収会社に。最初は銀行の子会社みたいなところに売る。ここは比較的まともです。まぁちゃんとした債権買い取り会社。そこが「コイツはもう取れんわ」と思ったら、次の債権回収会社へ売るんですね。

この辺になってくるとだんだんタチが悪くなって来ます。電話の応対で大体わかります。だいたい大阪のほうの言葉を使います。笑笑。

まぁこの辺まで来ると結構、変なのが来てました。○国人とかも来てました。「殺すぞー」

とか言われましたもんね。ちょっと怖かったです。

当時、うちまだ建築もやってたんで、表にゴミ入れるコンテナを置いてました。ゴミ置き場みたいな。ある日会社に来たら、コンテナごとゴミが全部ひっくり返されていて。会社の入り口の前がゴミの山ですよ。ウワッ入れん、みたいな。もう速攻で管理会社に苦情が入ってですね。「あそこの会社はゴミ屋敷になってる。臭いし何アレっ」て。

で、管理会社から、電話かかって来て「ゴミの山どうにかしてください」と朝からゴミ拾い。そんなことをやってました。ホントに悲惨やったです。だから家に帰る時も、近くに誰か来とらんか？　とチェックしてから家に入ってました。かなり精神的にも追い込まれましたね。

電気が止まると……

一番こたえるのは、電気止められることですね。困りますね。わびしい気持ちになりますね。夜、電気がないローソクの生活って。アレ、ホントに正直、こたえますね。あとから聞いたら、追い込まれた人はみんな同じ。電気がない生活は精神的に追い込まれると。そしていろんなこと考えて「死のうか〜」とか。

ただ、僕はそういうのはまったくないんですよね。そこらへんは楽天的。返せるものは一生懸命に返してました。自分は最低限の電気代ぐらいで、残ったお金はちょっとずつでもあっちにいくら、こっちにいくらと返してました。一生懸命返してました。途中までは。

途中からは開き直って。

「もう、ない。ないもんはない。来るなら来い」「何でも持ってけ。煮るなり焼くなり好きにしろ」「命は取られんぞ」

と開き直ってから、すごく楽になりましたね。開き直ったら借金なんて気持ちの中からなくなるんですよ。ありゃもう借金無くなった。だって払わんし。笑笑。ホントです。オレ借金無くなった。払わん。ホント。今も相当払ってないのはあります。いろいろ。あんまり言うとマズいですが。笑笑。

※現在はすべて返済済み。

事務所は取り立てがひどくなってきたんで、引っ越しました。家賃3万5千円の、ホントちっちゃな事務所にですね。夜逃げするように。まぁ夜逃げですね。でも引っ越し先でもお金払えず、いきなり電気止まるし。水道も止まるし。九電呼んで一か月分だけ払って電気通してもらって。究極状態でしたね。その頃はだいぶ慣れてたんで、電気止めた九電のおいさんに文句言ってましたもんね。

「あんた電気止めたらダメよ。電気は九電しか持ってないんやからダメよ。インフラを扱う人が電気止めるとか水道止めるとか。もっと世の中の役に立てよ！」

そういうわけのわからんことを言ってました。毎回言うんで、嫌やったみたいです。ウチ来るの。「またあそこや」みたいに。

資金繰りにはコツがある

一応、仕事は一所懸命やってました。ミートパイもクレープ屋も店は潰れたんで、細々と内装の仕事を。社員の独立で相当持っていかれましたが、残ったお客さんの仕事を一所懸命やってました。僕と大工崩れの2人で。仕事してお客さんからお金が入って来ると、次の現場の材料を買う。そういう回転なんですよね。だから月末にならないと仕事に着工できない。

お客さんから、「まだ工事しようらんと？　こないだ頼んどったアレ」「あー、いや。ちょっと別な現場が立て込んどってですね」とか言いながら、実は月末にお金が入ってくるの待ってたんです。材料が買えないし、ガソリンも入れないかんし、車乗られんからですね。

そんなカンジで学びました。いかに効率よくお金を分配するか。入って来るお金って限られてるじゃないですか。月末に50万円入って来る。この50万円をいかに、金を産むところにいかに当て込んでいくか。

その時は全部払うのは無理なんで。例えば、家賃はほっとけばいい。払えと言われたらグズグズ言って引き伸ばそう。て感じ。こうして資金繰り、効率的な資金の使い方を学びました。お金を産まないとこは後回しと。迷惑かけましたが。笑笑。

化粧品は100均で

で、この時に一つ、心に誓ったことがあって。**嫁さんがとうとう、100均の化粧品を使い**よったんですよ。100均の化粧水をですね。それ見た時はもぅ、胸のこの辺がう〜〜っとなって。「ゴメンね」っと口には出さないですけど。「ごめん。苦労かけて」と思いましたね。思い出したら今でもアレですが。

「絶対どうにかして、もう一回復活しよう」

と強く思いました。うち、子供がおらんので嫁さん一人なんですけど、

「コイツだけは、どうにか幸せにしちゃらないかん」

そのためにも、

「オレはもう一回頑張ろう」

とその時、心に決めましたね。

まぁ元々、まだ頑張ろうとは思ってましたけど、**その時、心に誓いました。強く。**

「お前、それ100均の化粧水やろう?」

「いや、これ私、意外と好きとよー」

って言ったんですよ。

そんなわけないですね。それがすごく、**僕の中では原動力**になりました。

コンテナで焼き鳥屋を始める

その時、コンテナを一つ持ってたんです。海上コンテナっていって、20フィートとか30フィートとか鉄骨のですね。トレーラーの後ろによく載ってる箱なんですけど、ミートパイやった時にアレでお店を作った経緯があったんで、一台転がってたんですよ。このコンテナでなんかできんかな？　と一所懸命考えました。やっぱり建築の仕事よりお店を、飲食をやりたい。とずーっと考えてました。

そんな2009年のある日、僕が39歳の時、いつものように裁判所に呼び出されて被告人してました。その廊下で後輩に会ったんですよ。地元の。

「おぅ、お前、何しよん？」

そいつは地元で焼き鳥屋やってたんですよ。昔。

「焼き鳥屋をやめてプラプラしてます。整備工になろうかなぁと、車の勉強とかしてます」

「あーそう。何ね？　焼き鳥もうせんの？」

「いや、焼き鳥はもうしないです」

「オレ、焼き鳥屋しようと思うんやけど」

口から出まかせです、笑笑。

「オレ実は焼き鳥屋やろうと思うんやけど。手伝ってくれんか」「あー、イイですよ」みたいな。

そんなカンジでそいつ引き込んで。コンテナの使い道として焼き鳥屋を始めよう。テイクアウトの。食べさせるスペースは無いんで。**お金が無いんで、厨房機器は廃品回収品。**郊外によく捨てられてるじゃないですか。野積みになってるやつを拾って来ました。どうしても買わないかんもんは、ネタケースとか冷蔵庫とか二束三文の中古を買ってきました。

「壊れるかも知れんよー。その代わり安いよー」

そんなのかき集めて、ちっちゃなテイクアウト専門の焼き鳥屋さんを始めました。博多区の東那珂ってちょっとマイナーな、空港の近くです。

テイクアウトは「待ち時間」が大事だった

ボロのコンテナで始めた焼き鳥屋。それがまぁまぁ良かったんです。これ上手にやったら商売なるなと、やり方を考えました。いろんな問題もあったんで。**テイクアウトって、提供時間が長いとお客さん、待つのが苦になる**んですよね。飲食店だったらお店入って、お通し出してビール出しときゃ、とりあえず料理が出て来るまで時間稼ぎできますよね。テイクアウトって、もろに待つしかないんですよ。立って。だから提供時間って普通の飲食店の倍ぐらい感じちゃうんですよね。

焼き鳥焼くのって時間かかるんですよ。結構。でも慌てて適当にやったら中がナマみたいな。そんな苦情出るんで、しっかり焼かないけない。そこでいろいろ改良してから2店舗目を出したんですよ。で、まぁまぁうまく行ったんですよ。

スーパーの中で焼き鳥とか惣菜売ってる店ありますよね。あんな感じでお店を出したんです。福岡市内にバタバタ出しました。

そのかわりお店はボロです。お金持ってないんで内装も自分でやり、厨房機器は道端の野積みの廃品？中には中古販売品？を拾ってきて。笑笑。そんなカンジで店数は結構増えたんです。各店にバイト2人ぐらい。このままいけるかなと思ってたんですよ。

「FCみたいな感じでやらしてくれんか」って話もいくつかあって。同級生とかから。あと移動販売の車が2台とか、全部合わせたら12～13店舗にはなってました。そのまま増やしても良かったんですが……。

夢じゃダメだ。目標を立てよ

「100店舗やる」というのが僕の中で一つの夢というかですね。**夢にしちゃダメで目標**なんですけどね。目標としては100店舗ですね。そこまでやったらまぁ一人前かなぁっていうのが僕の中であるんですよ。

だから100店舗って目標で焼き鳥屋スタートして12～13店舗ぐらいなったんですけど。100店舗難しいんですよ。焼き鳥って。

あと、正直言ってあんまり儲からない。焼き鳥は結構、人件費の占める割合が高いし、焼き鳥って野菜とかほとんどない。肉ばっかりなんで原価が高いんです。まぁ今の唐揚げも原価高いんですけど。

さらに串を刺していかないかん。これがベテランの人でも1時間で60本できたらいいほうで。

みなさん焼き鳥屋へ行って普通に食べてますけど、実はアレ、仕込みとか大変なんです。指は血だらけになるし。いやホント、血だらけになりますよ。僕もけっこう、グッと行った時にズボッとやって。けっこう貫通するぐらいに行きますもんね。

まぁそんなこんなんもあって、やっぱ人件費も高いし、なかなか利益が出しにくい業態やな。これで100店舗の展開はなかなか難しい。人の育成にもすごい時間がかかる。焼き鳥って職人気質の仕事なんで、覚えるまでにけっこう時間かかるんです。最低でも2か月3か月じゃあ無理かな。焼き手として。マネだけだったらスグ出来るんですけど、やっぱ上手に焼こう、美味しく焼こうと思うと、割と時間かかります。

あと串打ちする技術ですね、こっちのほうが熟練度が必要で、焼くよりも串を打つ技術が時間かかります。せめて半年ぐらい経たんと使い物にならん。というのが正直なとこで。

今考えればもっとマニュアル化するとか、機械を入れて量産もできる。当時もそれは考えたんですけど、そこまでするんだったらもうやめよう。まぁ諦めも結構早いんで。こうして12～13店まで増えた焼き鳥屋ですけど、当時の店長たちに、

「お店はやる。どうせボロやし儲からんし。ただお前1人やったら飯食えるやろ。俺もうやめ

るから。頑張れ」
とお店をやりました。フランチャイズやってたお店にも「俺は本部を辞める。年貢も納めんでイイ。勝手にやってくれ。俺、他のことするから」と辞めました。

素人がやれるポジションは？

これからが、うちの今の、「博多とよ唐亭」の始まりになります。お話しした通り、どうやったら100店舗を作れるのか。焼き鳥を**やめながらずっと考えていたんですね。次に何をするか？**一生懸命に考えてました。

本屋さんに行ってちょっと勉強したり、その頃に飲食コンサルの大久保さんの本に出会って、なるほど。食べ物屋さんってこうなんだとか、初めてそこでちょっと勉強したり。その時、僕が100店舗やるためにどういう商売をしようかと考えたのか。少しお話をさせていただけたらと思うんですけど。

僕が思う100店舗になれる条件。

コンサルや本でよくある話では、「ニッチを狙え」「スキマを狙え」「真空を見つけろ」とかですが、基本的には僕は逆なんですよ。ニッチでなくマスを狙おうと。正しいかどうかわからないけど、僕はマスを狙おうというのはありました。

つまり、世の中の人の80％以上が対象になるマスの部分を狙おう。王道を行こう。というふうに僕は考えてました。

よくあるポジショニングマップで、縦の棒が「価格が高いか、安いか」。横棒が利用頻度。要するに「よく利用するか滅多に行かない」。まぁ晴れの日とかは滅多に行かない。

どこを取るか考えた時、僕は「安くてよく利用する」絶対ココだと思ったんですよ。

なぜか？　僕は料理人じゃないんですよ。調理の技術とかない、まったく。食べるほうは好きですけど、調理の技術はないんですね。じゃあ僕が飲食の世界でやっていくために、100店舗やるために、どこ取ってかないかんのかなと考えたら、やっぱココしかないんですよね。

ここが一番たぶん、僕にとっては取りやすいのかなと思ったんです。

一流の職人になるのは、難しいじゃないですか。要は滅多に行かないところ。金額も高くて、記念日とかそういう時にしか行かないような。

例えば、高級なお店とかって、僕には出来ないんですよ。正直言って。それは自分でちゃんとわかってたんで。じゃあ僕でも取れるとこはどこなのか？　といったところで「安くてよく利用する」なんですよ。

なぜ、唐揚げ弁当？

そこで、「何で唐揚げなのか」ということなんですが、利用頻度っていうのが一番ポイントで、焼き鳥も結構、利用頻度は低いほうではないとは思うんですけど、そんなに高くもないですよね。毎日焼き鳥食うとか、頻度は高くない。

焼き鳥より**利用頻度が高い**ものって考えた時、僕、**弁当**って思いついたんです。

今の唐揚げ弁当を最初からやろうと思ってたわけじゃないんですよ。最初は弁当屋さんやるつもりだったんです。

ただ、弁当ってご存じの通り、「ほっともっと」がある。強いんですよね。メチャクチャ。だから、**ほっともっとと競争しても勝てない**な。というのが一番僕のネックやったんです。じゃあ価格で行くのか？　ほっともっとに対して、どこでウチの特色を出して、**どこで勝っていくのか？**っていうのを**一所懸命考えた**んです。ほっともっとのいろんなメニュー、例えばチキン南蛮とか、カツ丼とかカレーとかですね。唐揚げ弁当とかいろいろあるんですけど、この中で一番100店舗展開に適してるヤツを一個、引っこ抜こうと唐揚げ弁当を始めたんです。

よく言われるんですけど、唐揚げ屋さんが流行ってるから唐揚げ便乗してやったとかではないんです。もともとは、本当に弁当屋さんやるつもりやったんです。メニューも考えたんですよ。ノリ弁だなんだと。試作もだいぶ作ったんですけど、結構手がかかる。お弁当屋さんって大変な仕事。朝も早いし。僕早起き苦手なんで、まずそこでアウトですね。

一点集中！

その中で一品だけクローズアップして、やれんじゃないかなという気がしたんですよ。気がしただけです。ホントに。何の根拠もないんですけど。**一個だけ、ウチはこれだ！**　みたいな

ですね、一個だけ引っこ抜いてやったらうまくいくような気がして。焼き鳥やってた連中にも相談はしたんですけど、

「唐揚げ弁当だけのお店をやろうと思うんだ」

「唐揚げ弁当だけ？　全然売れんやないの？」

って言われて。ちょっと僕も自信がなかった。

「やっぱりそう思う？　でもオレ、唐揚げ弁当だけやったらうまく行くと思うけどね」

うちはメニュー二つしかないんです。唐揚げ弁当、チキンてりマヨ弁当。これどっちも同じ唐揚げなんですね。味付けが違うだけで、要は唐揚げなんですよ。

で、**「唐揚げ」じゃなくて「唐揚げ弁当」**っていうのは、もともと僕が弁当屋をやろうって思ってたところから唐揚げ弁当のお店なんです。


うちも少しお店が増えてきて、わりとお客さんが並んでるもんで、いろんなところがウチの真似をちょこちょこと始めるわけですよ。でも全然売れてないんです。たぶん、ウチの半分以下ですね。推定ですが、かなり差が出てます。

「違いは何？」と自分なりに考えたんですけど、たぶん、順序の違いじゃないかと。

「唐揚げ売れてるから、やったら売れそうやなぁ」みたいなところからのスタートと、僕は弁当から唐揚げ弁当だけをクローズアップしてやった。

ここの違い。と僕は思うんですね。あと、中のオペレーションの差とかもありますけど、僕自身はそう解釈しています。

販促はしない理由

ウチは基本的に販促ってやってないんですよ。チラシとか一回も、オープン告知すらしない。販促は必要ないと思ってるんです。僕の中では。いわゆる小手先販促というか。**何の商品を、誰に対して、どういう売り方するか。**

要はそこらへんの**フレーム組みで、売上ってたぶんほとんど決まっちゃってるんです。**だからお店出してしまった後、あれこれテコ入れするって難しい。僕の焼き鳥の時もそうですけど、まぁ飲食いくつかやったんですけど、**後から数字をあげようとアレコレするのってすごい難しいんですよ。**だったら**やめて、別なことやったほうが早い**ですよ。

そうやっていろんな事を転々とやってきたんですけど、基本的にはあまりチラシとかやってない。まぁ戦略にもよるんでしょうけど、僕自身はあまりやってないです。それは必要ないかな。詐欺に近いようなもんだなと。

自然体で売れないから、**うまいことキャッチコピー書いて**、お客さんに買わせる。とかですね。それは**売れたんじゃなく、買わせた**。に近い。そう勝手に思っています。

看板は効果あり、すごく大事

ただ、看板はすごく大事だと思っています。確実に効果が出るんですよね。きちっと測定した事はないんですが、看板は効果出ます。実際、野立て看板どうですかって営業くるんですけど、イイ場所でウチに誘導できるんであれば、極力出すようにはしてます。

看板一つ上げただけで1日の売上が、翌日から八千円~1万円とか上がるんですよ。という事は1ヵ月で考えれば看板一つで30万円位。それに対して看板の賃料が2万円とか、それぐらいなんです。だから費用対効果では、チラシなんかよりもいいと思います。看板は。

僕は昔、建築やってたんで内装とか店の工事も基本的には全部自分でやれるんですよ。お金なかった時はほとんど自分でやってきたんですけど、看板のデザインも基本的には全部自分でやってきたんですよ。印刷看板の出力だけお願いして、看板のフレームとか貼ったりするのは自分でやってます。だから高いところもあのウイーンと上げるバケット車ってあるんですけど、あの上にたまに乗ってます。

そんな感じで看板にちょっとこだわりあって、普通は「博多とよ唐亭」ってうちの屋号なんですけど、みんな屋号を出したがるんです。でも屋号ってあんまり意味ないと思うんですよ。**お客さんはこの店が何々亭とか、店名とかロゴとか基本的には興味ない**と思うんですよ。

何を売ってるお店なのか、あんたは何が得意なの? 何が売りなの? 安いのか高いのか。高級なお店かチープなお店か。自分の財布で行けるのか? っていうのがたぶん、お客さんが一番興味があると思うんですね。

だから最初の頃、ウチが作った看板ってお店の名前すら入ってないんです。「げんこつ唐揚げ弁当330円」これがお店の看板なんです。だからお店の名前とか知らなかった。2号店の新宮店から横にちょっと店名が入るかな程度。だから、うちのお店の事は知らんけど、オッさんがポーズをしてる店って言う人が結構多いです。

看板は、会社名とか店名屋号とかどうでもよくて、要はあなたは何が出来るの?何が自信あるの?どういう価格帯で、どういう人に向けたお店?ってメッセージが看板には大事と思うんです。だから看板はお金かけてもイイ。チラシ打つなら看板。24時間営業してくれますから。上げときさえすれば。販促として一番効果が高いと思ってます。だから看板がドン!と上げれる場所を狙ってます。

今回オープンした那珂店なんかもそうですけど、交差点の角の二階の建物で、店は一階だけなんですが、一、二階一棟丸ごと借りてます。二階を全部看板にして。それぐらい、看板は意識してます。

お金をかけない理由

あと、僕がお店作りで気をつけてることはですね、もともとお金がなかったんで、赤字のお店は作れなかったんですよね。要は失敗できない状況でスタートしたんで、じゃあどうやってうまくやっていくかというのを一生懸命考えてたときに、赤字を出さんどきゃいいと思ったんです。とにかく赤字を出さない。売り上げをいくらあげようじゃなく、とにかく赤字を出さないこと。

赤字を出さないためにはどうすれば良いかということを考えていた時に、損益分岐点って、要するにブレークイーブンポイントって言いますか、要は、プラスとマイナスの境目ですよ。このラインを割り込んだら赤字という損益分岐点を、極限まで低くしようと。いうふうに考えて組み立てていったんですよ。とにかく損益分岐点を限りなく低くすれば、損しようがないと。赤字になりようがない、というくらいまで低く下げるということを意識しました。

それともう一つは、これは全員が全員できることじゃないんでしょうけど、イニシャルコストですね、要は**出店費用を極限まで落とす**と。出店時の借り入れが大きくなると、利益から返済が発生しますよね。これで利益は飛んでいってるっていうところが意外と多いと思うんです。だから極力出店費用、最初のイニシャルコストを安く、低く抑える。すると絶対に赤字にならないくらい損益分岐点をとにかく低く。

お金をかけちゃダメなんです。**お店のカッコよさとかお客さんは求めてない**。唐揚げ弁当330円一個買うのに、かっこいい店の必要はまったくないですよね。

要は、何が自信があって、いくらで売ってるのか、どんなお店なのか、それがお客さんに伝われればいいんで、そこ求めてきてもらってるんで、**テイクアウトなんで、中で食べてもらうスペースもいらない。**もう極限までそこは落とせるんですよね。ただ、見せるところはしっかり見せないといけない。そこは店作りのこだわりはあります。

やっぱり、少し何人か並んでもらったほうが盛況感ていうか、売れてる感じが出るんで、**あえて並んでるお客さんの状態が見えるお店作り**は心がけています。２号店の新宮店はドーン！と爆発して結構売れてますけど、１日の客数はどうかしたら５００人とか超えるわけですよ。時間帯によっては１時間に50何人くるんです。１分に１人。他の店でも結構あります。ピーク時なんかは時間帯によって１時間で60人とか70人とか。

儲ける仕組みづくりの準備・手順

だからそれを、言い方悪いですけど、こなさないといけない。唐揚げなんて注文受けて生から揚げてたら7～8分かかるんですよね。揚がるまでにですね。で、ご飯を詰めてやっていたら一人当たり10分ぐらいかかってしまう。それぞれ何重にも並んでいたら、一体いくら時間がかかるか。

最近多いですけど、中津の唐揚げ専門店みたいなところとは全然別物なんです。よく一緒に混同して「唐揚げ屋さん最近よく見ますね」とか言われますけど、ウチ**唐揚げ屋じゃなくて唐揚げ弁当**なんです。そこの違いは大きいんです。

あの手の唐揚げ屋さん、注文受けて生から揚げるんですよね。なんで結構、待ち時間がかかるんですよ。だから電話予約される方が多い。

うちの場合は二度揚げなんですけど、一度目はもう揚げてストック置いとくんですよ。あんまり時間を置いておくと美味しくなくなるんですけど、ウチ売れてますので、どんどん回転してガンガン揚げとくんです。

注文入って二度揚げだけ一回する。これ50秒なんですよ。50秒二度揚げして詰めて。ご飯も最初から詰めてるんですよ全部。あんまりこれも長い間置いておくとご飯が美味しくなくなる。でもうちは正直結構出てますので、ご飯も最初から詰めておくんですよ。だから注文を受けて50秒二度揚げして、ご飯を詰めたの提供する。一分最短ですね。これじゃないと多分数字がそんなに出ない。

中津の唐揚げ屋さんで知ってるところもいくつかあります。売り上げどうのって言ってますけど、多分ウソですね。物理的に多分不可能です。

うちはそれを**クリアするために仕組みは一生懸命考えました**。もともと設計もやってたんで、厨房の設計は一歩単位で考えています。狭いお店ですけど、**一つの作業から次の作業に移るのにそこが何歩なのか。何秒なのか**。そこからしっかり考えています。導線をしっかり意識して、効率よく仕事ができるように考えています。そうすることで結局、お店での人がおこなう作業を少なくしてます。

アルバイトで運営する方法

ちなみにうちの店、包丁は1本もない。お店にはですね。どうやって作ってるのって？　セントラルキッチンですね。今日は1カ所の工場で作ってそれをお店に運んで配送してます。味までつけた状態で。お店では唐揚げを揚げるだけ。だから極端な話、アルバイトの子でもできるんです。やり方さえきちんとできていれば、ですね。

ウチの研修期間は5日間です。5日で一人前になるっていうプログラム作ってるんですね。よっぽど覚えが悪い人でも、4〜5日で一人前になります。これがやっぱり焼き鳥屋をやっていた時との一番の違いかなと。これがしっかりできれば結構店舗展開って早いんですよね。

当然ながら人がどんどん増えてくるんですよ、うちのお店の特徴としては、基本的には、全部アルバイト・パートさんでやってるんですよね。店長もアルバイト・パートです。社員一人もいないんです。※現在は正社員も増えました。

けど、多分そこら辺の社員さんより意識が高いし、責任感が強いですね。僕も昔は焼鳥屋の時はそうだったんですけど、店長はやっぱ社員じゃないととか、考え方があったんですけど、社員とアルバイト・パートとの垣根を作っているのは、気にしてるこっちなんですよね。何の違いもないですよ、同じ人間おんなじ仕事ですから。

任せること

アルバイトだからこの程度の仕事しかできないだろうとか、この程度しかダメだろうとか、ここから先は社員じゃないと任せられないとか、それ人間としてすごい失礼な話なんですよ。同じ人間なんで、アルバイトでも、まったく関係ないです。というところで、もう何もかもアルバイト・パートで全部やってもらってます。今120人くらいおられますけど、基本的にはもうほったらかしです。

会議は月イチくらいになりますけど、基本自分たちで好きなようにお店をやっています。まぁ勝手にやっちゃいかんという所だけしっかりやって、後は好き勝手にやってと。まぁそこら辺だけちゃんと作ってあげれば、逆に任せることでやる気がすごく出てくるんですよね。だから1から10まで、あれはこうしなさいと言うのはダメです。1から10まで言うと、言われた事しかしない指示待ちになっちゃうじゃないですか。それも人間だから当然のことと思うんですよね。

そうじゃなくて、ここだけ守ってねと、みたいな。ですね。そのかわり、シフト組んだりはお店で全部やってもらうんですけど、人がおらんけんお店が開けれませんとかシフトが埋まりませんとか、一切だめよと。どうにかしてでも自分たちでちゃんとお店を回してねと。後はもう知らんふりをしています。

勝手にやらせると「自分で」「自分たちで運営してるんだ意識」がすごく高くなって、仲間意識が強くなって、お店自体はすごくいい雰囲気になっています。

だからあれこれ言わんでも、常識の範囲内できちっとやる事はやってくれてますね。逆にお店から、こんな感じでイベントしたいのでいいですか、とかそんな話が上がってくる。基本的にはもうお任せです。時給750円（※当時）です。業績給とかもありません。でもみんな一生懸命頑張ってくれてます。

お金じゃないんですよね。ほんとに。自分たちでお店を運営できるというところに何か生きがいを感じてもらっているところがかなりあるんです。全員が全員じゃないですよ。やっぱりメインとなってやってくれてる人たちは自分たちがしている意識が、すごい高いんですよ。他所の店同士がやりがいを感じて人も行ったり来たりして、勝手に勉強会行ったらいいとか、がんばってますもんね。

意識がすごい高いと思います、うちのお店は。

小さなハッピーを

理念とかクレドとかはないんですが「食卓に小さなハッピーを」が、うちのコンセプトなんです。外で食べるお店じゃないんで、持って帰って食卓で食べてもらう。**ウチの唐揚げが商品ではなくて、その小さなハッピーが僕たちの売ってる商品**なんだよ。という事は意識して一生懸命言うようにはしています。

クレドとか理念とかは今はやってないんですけど、今後はやっていきたいと思っています。100店舗目標、これも皆に耳にタコができるくらい言ってますので、理念と目標とがしっかりあれば、組織が必ず大きくなって、お店を100店舗できると僕は信じています。

何を目指すか？

最後に、これはまぁ僕の考え方です。お店ってどこを目指すかで全然変わってくるんですけど、「自分個人のお店でこの店に磨きをかける、一流のお店にして地域のお客さんに喜んでもらうというお店」と、うちみたいに「最初から100店舗目指して展開」していくぞっていうところは、もうまったく正反対だと思うんですよね。

だから一概には言えないんですけど、僕の場合ですね、店舗展開をしていく前提でこの店をやっていますので、さっき言った**チラシが悪いわけじゃないですけど、目先の小手先じゃなくて、王道を行こう**と。これは今後も心がけていこうかなと思っています。

結局、売り上げとか客数っていうのは、お客さんが喜んでくれたことに対しての、要はお代っていうか。今日は売り上げが悪い。お客さんが少ないっていうのは、それだけお客さんに求められていない。喜ばれていないということだと思うんですよね。

だから、きちんとお客さんが求めてるもの、要は**お客さんに喜ばれて、役に立てるお店をちゃんと作っておけば、基本的には売り上げは自然に上がっていく**もんじゃないかと思ってます。そこにあれこれやって売り上げ10％アップとか、その辺は正直難しいと思ってます。

それをするんだったら、もうやめて次に行ったほうがいいなと思ってます。僕自身はそういうふうに考えています。まぁそれが世の中の評価になるかなと思っています。

まぁウチ自体はまだ10店舗ぐらい、出始めて3年目で、まぁ今後はどうなっていくか分かんないです。栢野さん多分ポシャるのを期待していると思うんですけど（笑）、多分ポシャらんのですよね。もうだいぶ今までそうしてきたんでよくわかる。焼き鳥はポシャってないけど、まぁ儲からなかったですけどね。

今までの失敗をベースに僕自身も相当考え方も変わりましたし、何しろ手ごたえがありますね。この唐揚げ弁当屋は。

僕が思っている飲食店って、最初ドーンと行ってすーっと下がるんですね。大体3ヶ月くらいでオープン時の7掛けとか8掛けくらいで収まっていくのが通常のお店の売り上げの流れなのかなと思うんですけど、ウチ逆なんですよ。スタートした3ヶ月ぐらいでスーッと上がって1年でまた上がって。極端なお店の話をすれば、1年間で売り上げが倍になりましたとか、そんなのもざらにあるんですよ。そこからさらに伸びてるんですよね。昨対で言ったらまぁ130とか140とか、ウチはざらにあるんですよ。それがまぁお客さんの評価なのかなと。販促も何もせんで勝手にお客さんが増えていき、お客さんの9割以上が口コミで来ていただいてます。

僕の話はこんなところで。ありがとうございました。

（拍手）

質問タイム

質問：なぜお客さんが来てるんでしょうか？　味とかですかね？　立地ですか？

味に関しては、お客さんの評判もいいし、かなり自信を持っています。でも食べ物屋さんとしては絶対条件ですよね。味は美味しくないとそもそも無理ですよね。ただ味だけでも、ダメだと思うんですね。僕自身も正直言って分からない部分もあるんですけど、**ただ一番は、ランチェスターじゃないですけど、絞っている**っていうところですかね。

要は、唐揚げ弁当しか売ってない店っていうのはあんまり多分ないと思うんです。チラチラありますけど。基本的には、唐揚げ弁当って弁当の中の一品目ですよね。から揚げの専門店は最近いっぱいありますけど、唐揚げのお弁当だけを特化してやってるところはないと思うんですよね。

だからそういう意味では、特化してるっていうところがその秘訣なのかなぁと思ってますけど。土井店っていうところは閉じたんですけど、他は全店舗うまく行ってますね。なぜうまくいってるかボクもわからないままですが、あえて言えば後付けですけど、唐揚げ弁当っていうところが一番なのかなぁと。

材料の取引先はどなたでも皆さんが取引できるような、食材卸では中堅どころで、焼き鳥の頃からの付き合いで。こだわり国産でなく、ブラジル産の輸入物です。下処理とかしっかりすれば、特有の臭みは消えます。国産のものと比べてもたぶん懸念ない商品はたぶん出来上がってると思います。うちの工場で一工夫した味に。でも売れるかどうかというと、多分全然関係ないと思います。

質問：店のお金を取られませんか？　対策は？

うちもお金のトラブル、以前はありました。今はないんですけど、お店には金庫置いてます、投げ込み式の。普通のカチャッと開けるのでなく、上からポトンと落とすんですよ。落とすと、下は鍵持ってる人しか開けられないんですね。毎日営業終わったあとの売上は、ポスト型の金庫に入れると。触れないようにはしてます、固定式ですが、盗もうとしたら大変です、結構な重さと大きさあるんで。あとはレジの点検とかですね。そこら辺はこまめに時間帯ごとにやるようにはして、不正はできないようにはしてます。
あと根本的には、飲食店でよくあるのは、売上をごまかしたりとかしてですね、その差額をポケットに入れるってよくあるんですけど、うちの場合はメニューがすごくシンプルで、二種類しかないんですね。で結局、食材って鳥肉しかないんですね。だから売れた数と食材が合わなかったらすぐわかるんですよ。
だから何個昨日の夜お店に商品を入れて、今日何個残ったか全部日報上に出るんですよね。だから一個ちょろまかしてもバレるぐらいの状態なんですよ。アイテムが少ないんでできる事でしょうが。唐揚げ2～3個合わんやん、数が。みたいな。そんな世界ですね。だから売上誤魔化したらすぐバレます。今のところは不正はないです。最初はありましたけど。その都度その都度、対策していくしかないのかなぁとは思ってます。

質問：粗利はどれぐらいですか？

食材原価を引いたものが粗利とすれば、6割ですね。通常の飲食なら原価は25～30%とか。まぁでもそれじゃ良い商品が作れないと思います。ウチの40%は少し高めだと思います。唐揚げ弁当の売価が３００円台ですからね。
ま、こっからがウチの秘密なんですけど、人件費の割合が低いですね。あと家賃。不動産系の分配率ってのが非常に低いですね。光熱費等も低いですし、結局、営業利益で25％ぐらいは出てるんで。まぁバラつきはありますけど。結局、食材の原価がいくらで粗利がいくらっていうよりも、全体でその経営のバランスで見たときに、帳尻が合ってればいいのかなと考えてます。

質問：出店イニシャル費用も抑えてると？

そうですね。以前ほどではないんですけど、ホントにお金なかったんです。抑えるしかなかったんですけど、今はもう少し、売上につながるところにはお金かけて行こうかなと思ってますし、ボク自身も朝から晩まで職人さんするわけにもいかない部分もあるんで、外注できる部分は外注するようにはしてます。ですから、昔に比べたらコストは少し上がってるのかなと思ってます。

質問：出店費用は？

フライヤーとか冷蔵庫は盗んできたようなの使ってましたから（笑）、常に予備を置いとくんですよ、ストックを。もういつ壊れるかわからんようなボロなんですよホントに。だからいつ壊れてもいいように、予備を一個置いとって。「フライヤー壊れました」「冷蔵庫壊れました」は飛んでって入れ替えるんですよ。そういう準備をしてました、常にですね。倉庫に全部一式、今でも置いてますね、トラぶった時。営業できませんってなったらまずいんで。

あと出店費用の部分ですね、まぁお店に限らず事務所とか出される方とかサービス業関係も、コストを落とす方法っていうのは実際あるんですよね。材料の見直しとかいろいろ工夫すると、出店の費用は落ちます。

あと、どっかの工事屋さんにポンと丸投げするのか、もしくは知ってる大工さんや内装屋さんに頼む、分離発注って言うんですけどね、工事を少し分離して発注することで、大元の工務店なり建築屋さんが取っていく利益っていうのは大幅に削られるしね。ぶっちゃけそこで3割ぐらいは下がるんですよね。

だから工務店さんに頼んで一千万円でできるんであれば、知り合いから紹介してもらったり、その職人さんに業務をお願いしながら。まとめていくのは少し大変なところがあるんですけど、どんどんお店を出す出していくんであればね、一千万円の工事が七百万円になるんですね。材料の原価は3割くらいなので、一千万円の工事は三百万円でできています。その辺参考までに。

※（栢野追記）下手なシロウトがやると、逆に割高やトラブルも。

一点突破、全面展開

うまくいくパターンを作って、それを水平展開していく。これ一番ほんとうに簡単な方法だと思うんです。僕最初からこれをやるつもりだったんですよ。

逆に、いろんなスタイルのお店をたくさん作られてる方は、もうほんとすごいなと思います。僕そんな能力はないんで。1個うまくいったらもう金太郎飴みたいにやっていく。とりあえずまずはそれで100店舗。中期目標になるんですけど、全国アジアまで含めてです。ただ100はまぁそんなに難しくないんですよ。正直にここでぶっこいてもいいよと言うんだったら1000店舗やりたい。

まずは中期目標として１００店舗。そこはまぁ現実的には多分いけると思っています。全国といってもまぁ北海道まで出すつもりはないんで、逆に田舎に行こうかなぁと思っています。熊本大分のほうとかですね。

今はこれといった新しい事業展開でいうのは考えてないです。もう馬鹿のひとつ覚えでうまくいったことをひたすらやる。それが多分一番失敗しないんじゃないかと思ってるんです。ある程度、出したのうまくいってるんで。今は白木原店を工事してますけど、結構売りますもんね、多分。多分売れると思います。今度の博多店もですね。売りますもんね。だんだんやっていくとわかるんですね。多分ここいくらぐらい売るとか。もう大体わかるんですね。そんなに大きな下手は打たない。リスクはかなり少ない、と思っています。

大手には魅力がない！

赤字になりようがないですね。当てた！という感じじゃないですよ。月に三百万とかせいぜい五百万ですから。１店舗で二千万とか三千万売るわけじゃないんで。

ちっちゃいんで魅力ないんでしょうね、大手から見たら。こんなちんコロみたいでね。ただそれなりには利益も出てますので。これ気付けたのが40～41歳くらいの時ですね。小学生の時から社長になりたいということでしたけど、**実際には大学生のときのバイトぐらいから始まってやっと20年目くらいで見つけた**という感じですね。焼き鳥の時もいけるかなと思ったんですけど、いろんな問題が出て、ちょっと大変かな難しいかなと。少し時間がかかるかなというところで、諦めました。

のり弁当もどうかなと。もともとは普通の弁当屋をやろうと思ってたんで、のり弁はアイテムとしては絶対入るなと思ってました。ただ結構手間かかるんですよ。チキン南蛮も、とんかつが冷めるとダメなんで。とんかつの二度揚げも考えたんですけど。ただ今のところは増やすつもりはないんで。

うちも接客とかそういったレベルは上げていかないといけないんで、人材に少し投資をしてグローイングアカデミーさんという研修サービスも利用。少しずつ社内教育体制も整えていきます。

質問：最初の味付けどうやったんですか？

もちろん研究をしました。いろんなお店の食べてみたりと。うちも焼き鳥やってる時から料理人は何人かいましたので、彼らの知恵を借りながら試行錯誤はしたんですけど、実はうちのレシピ自体は作ってもらったんですよ。それをベースに、少し手を加えたというのが正直なところですね。

レシピを買ったわけではないんです。もともとのレシピからはだいぶ手を入れてはいますけど、レシピ自体は自分で考案したものではないです。僕は料理人じゃないんで、そこはもう割り切って。最終的には自分でこの味だと決めました。

唐揚げって下味つけるのに漬け込むんですよね。タレみたいに。その漬け込むタレのレシピです、ニンニク入れたりとか。それで基本的な味は決まってきちゃうんで。でも味は正直好きあるんで、美味しいという人もいれば、当然、不味いという人も出てくるんですよね。だから世の中に、ここは絶対にうまいとか存在しないと思うんですけど。

広く浅く支持を受ける味は意識してました。マスを狙っていくという、八割の人が喜んでもらえるものってことで、味自体も万人受けするもの。要は日本人の口に合うもの。馴染みのあるもので味は考えましたね。大手が出てきたってあんまり関係ないかな。こんな小さな店なんてと思ってました。ただ、今どんどん乗り込んでこられたら正直怖いですけど、まぁ来ないでしょう。**まぁ来てもいいですけど。そん時はもうやめて次の事します。**笑笑。

質問：スパッと見切りが早いですねぇ、笑笑。

それは確かに言われますけど、最初からそれができたんじゃなくて。経験上、良くないって自分でわかってますんで。前はそれで赤字がどんどん増えていって。

もうあの時点で辞めときゃよかったのに。っていうのは結構経験してるんで。実際痛い目みないとわかんないところもありますよね。感覚としてダメなもんは、まぁある程度は我慢が必要ですが。**ある程度以上、手を入れてダメなもんはスパッと切らないと**無理ですもんね。そこらへんの見極めは多少は経験してきたのかなと。今のうちのお店でうまくいかないお店を作っちゃったら、３ヶ月で辞めます。そこも決めてます。

けども多分それはないと思います。よっぽど変なところに調子乗って出さない限りは多分ない。後は同じことをやっていくだけなので。成功パッケージはとりあえずはできた。そう思ってます。

あと組織の問題が、当然今後出てくると思います。それを今から少しずつやっているところです。理念ていうのが僕の中での今後のテーマです。それらしきものはありますけどね。より多くの人の役に立とうと。喜ばれようと。というのがウチの理念なんです。お店のコンセプトは「食卓に小さなハッピーを」。これは唐揚げを売ってる僕らの使命だよと、という話は常にしています。

今、全部直営です。ＦＣ展開どうですか？　という話はいただきますけど、できれば直営のままでやっていきたいです。社員ののれん分けっていうのはアリだと思いますけど。今いる人間を引っ張り上げたいなっていうのが一番思っています。

頑張ってくれている人間は、お店任しても自分のお店としてやるよと。お店は作ってやる。という感じですね。そういう形が、みんなで力になれる環境ができるのかなと。来来亭というラーメン屋さんみたいな。ウチの中からどんどんお店を増やすって感じですね。ココイチさんもそうですね。社員ののれん分けのほうが僕には合っている。基本、お山の大将でいたいんですよ、笑笑。

質問：新規出店の時、他店のことを考えますか？

ないですね。今度出すとこはほっともっとの隣なんですよ。メチャクチャケンカ売ってます。でも絶対負けないですから。ほっともっと、セブンイレブン、にウチです。こないだセブンイレブンには挨拶行きました。ほっともっとには行かないです、さすがに。絶対負けないです。逆に狙っていこうかな。ニーズがあるんですね。そこには。

ほっともっとがあってセブンイレブンがあるということは、それだけ弁当が売れてるってことなんで。逆にニーズがあるんなら引っ付いて行きたいですね。

栢野の総括！

というわけで。何かやっぱあるんですね。こういうなんか当たるっていうか。結果としてですけど。当たる商品というか市場というか。「唐揚げ弁当なんて、今更何？」って思ってましたけど。こうやって話を聴くと唸りますね。あとすごいのは、最初から100店できるのを考えて選んだ。コレが凄いですね。

いや～なんか思った以上に。最初は単なるチャランポラン社長かなと思ったんですけど、だいぶやっぱ、さすがに経営戦略的にも考えてるんだなと。非常にもう、勉強になりました。あざっす！

◆栢野のコラム◆

以上は2015年4月のライブセミナーを文字起こししました。実はこの後も3回ぐらい、最近も地元の中小企業家同友会や倫理法人会という朝活でも聞いたんですが、かなりかっこつけてしゃべってましたね。先程の数々の失敗談や、夜逃げとか借金の話とかワルをやってた話が一切出ない、笑笑。なんか横文字使ったマーケティングとか、三流コンサルタントの講義を聞いてるみたいでした。で、最初の生音声ファイルを持っていたので改めて聞き直してみると、以上のように生々しい話のオンパレードで大いに感服しました。ヤバイ話ばっかりで、さすがにこれは本人に了解もらったあと見せましたが、「もういいです。栢野さんだから仕方がない」と了解もらいました。本当は一部しか見せてないんですが。笑笑。

成功したポイントをいくつか私なりにあげさせてもらうと、豊永さんも自分で言っている通り、どんな商品を、どんな地域で、どんな客層向けに、どうやって売るか。これは経営戦略の用語で言うと、①商品戦略、②地域戦略、③客層戦略、④営業戦略です。

経営現場は同業他社、時には異業種とのパイの奪い合い競争ですから、①から④で強いライバルとの差別化、つまり強いライバルがやらないこと、もしくは本気でやらないことは、どんな商品か、どんな地域か、どんな客層か、どんな営業方法かを、自分の力とライバルの力と市場お客さんの状況を見比べながら、**自分自社が勝てるところはどこか。**

これを常に探しながら、さらに状況は極端に言えば毎日変わりますので、常にチェックク分析PDCAを繰り返していくのが経営といえます。なんか偉そうですみません。

豊永さんは話の中で、僕はニッチじゃなくて多くの人に受け入れられる唐揚げ弁当を選びましたと言ってます。唐揚げ弁当は誰でも食べるし好きだし、だからこそコンビニでもスーパーでも普通のレストランでもどこでも売ってますね。ライバルはたくさんいます。

なのになぜ10年たっても成功成長し続けているのか？　一応友人ですから、やっぱり心配になって私はあまり外食しないんですけど、自腹でほか弁の唐揚げ弁当を最近2回、買いに行って食べました。さらにイオン天神、セブンイレブン、一流百貨店の千円近い高級唐揚げ弁当も食べてみました。

比較検討してすぐわかったのが、コンビニスーパー百貨店の唐揚げ弁当は論外でした。当たり前でしたが、どれも工場で作って何時間もしくは何10分かはやっぱり過ぎてるんで、家で食べようとするともう衣がシナシナです。レンジでチンもしましたがもう一つ。とよ唐亭で同じく注文して、調理をするほか弁の唐揚げ弁当なら良い勝負かなと思いきや、ほか弁の唐揚げ弁当のまずいこと。別に訴えられてもいいですよ。

福岡の人はとよ唐亭とほか弁の唐揚げ弁当を食べ比べてください。とよ唐亭がまずかったら私が1万円払いますよ。この差はいまだにわかりません。まぁ私がアルバイトでほか弁のキッチンに入ればすぐわかるでしょうが。これを豊永さんに話したら、やっぱり食べ比べなど定期的にやってるので知ってました。豊永さんも原因がわからないと。

ここだけの話ですが、唐揚げの原材料の差は多分ほぼほとんどないです。ほか弁がどこの鶏肉を使ってるか知りませんが、とよ唐亭がどこの鶏肉を仕入れているかは私は知ってます。一流ではありません。笑笑。まぁほか弁屋さんも巨大全国チェーンですから、大量仕入れで、放し飼いの国産地鶏とか使えるはずがありません。300円とか400円の弁当に。ともにセントラルキッチンで調理済みの味もついた後の鶏肉を各店で揚げたてを出す。というのは、とよ唐亭もほか弁も同じのはずです。なのになぜ、あんなにうまいのか？

これはまったく友達忖度ではないですよ、笑笑。豊永社長自身もなぜ自分の店が繁盛してるのかいまだに本当の理由はわからないと2020年4月7日に会った時も言ってました。多分正解は、ほか弁屋はメニューが何十種類もありますが、豊永さんのところは唐揚げ弁当のみ。大企業大手巨大チェーンの①強者の商品戦略としては何でも売る。これに我ら中小零細弱者が大手と戦う時には①弱者の商品戦略＝一点集中に絞る。

戦略としてはほか弁もとよ唐亭も、多分そんなに変わりません。さらに③の客層戦略も価格とか店頭で待ってるお客さんを見ると、ともに大半は一般大衆貧乏人です。そう差はない。④の営業戦略。これもともにお客さんがお店に来てから調理をスタートして出来立てを提供してますから、差はないはず。ただし、ほか弁屋さんはメニューが何十種類もありますから、調理方法で相当時間短縮をしないと難しい。そこはとよ唐亭も基本1分以内で提供ですから、そんなに差はない。

そうか。今これを書きながら気づきましたが、「多品種で調理時間をかけられないほか弁の場合、唐揚げは二度揚げではなく、すでにあげたものをコンビニの唐揚げみたいに強い熱で温めて、弁当箱に入れているのではないか？」これは私の想像です。ほか弁屋さんはキッチンの中が見えませんから。とよ唐亭は目の前で見えます。お客さんが来てから、その場で二度揚げをしています。ちなみに唐揚げは、いちど揚げたものを準備しておき、食べる直前に二度揚げしたほうがおいしいんですね。豊永さんと付き合って初めて知りました。女性はみんな知っています。

我々小さな会社やお店が大手に勝てるのは、**大量生産大量販売でなく、手作りめんどくさいダサイ出来立て作りたて**。多分この最後の段階で、大チェーン店のメニューがたくさんあるほか弁店も現場は自営業のフランチャイズ加盟店で、手作り調理はしてますが、メニューが多すぎるから自然と最後の手作り出来立ての段階で、大量調理大量仕上げみたいなことをやらざるを得ないのではないか？　だからまだまだ小さな会社のとよ唐亭の一点集中調理に勝てないのではないか？　まぁ究極は、材料がボロでレンジでチンでも、愛する人が作ってくれた手料理が最高ですね。

第3章

起業に失敗。相談した師匠の喝！で「逆転人生」

◎「社長通信」でオンリーワン「儲ける戦略」

蒲池 崇

1980年茨城県取手市生まれ。株式会社ファイブスターパートナーズ代表取締役。〝自分〟を売って、既存客や見込み客との関係を維持・強化する営業ツール「個人通信」に専門特化した、日本唯一の「社長通信」コンサルタント。亜細亜大学を卒業後、東証一部上場のコンサルティング会社、株式会社船井総合研究所に入社。様々な業界の中小零細企業を対象に、主に営業ツールによる業績アップコンサルティングを行う。その後、人材総合サービス会社に転職し、トップセールスに。調子に乗って起業するも失敗。自身が営業マン時代にやってた「蒲池通信」が天職に。

「社長通信」って何？

皆さんこんにちは。ファイブスターパートナーズの蒲池と申します。僕が今やってるのは、個人のニュースレター作成代行。「個人通信」「社長通信」っていう紙のアナログ個人メディアです。何とか通信とか何とかニュースとか。ニュースレターは会社として「売り込みではない情報提供を、お客様に継続的におこなうもの」ですが、その社長個人版、もしくは営業マン個人で出しましょうと。

僕のところでやっているのは社員数10名位以下、ほんとに小さな会社やお店、ご夫婦でされているところなどがほとんどなんですけど、私はその個人通信の作成代行をやっています。毎月1回、社長もしくは営業マンにお会いするか、電話やスカイプ等でインタビューもします。大体30分ぐらいインタビューさせていただいて、まぁ2週間位でワードのデータにしてお渡し。

それを郵送やファックスで既存客へ送ったり、手持ちで配っていただく。そういう仕事をさせていただいております。

以下は最近の「蒲池通信」より

先日、とあるお客様から携帯にショートメールが届きました。「いつもありがとうございます！　最近、5年位前にいちど仕事いただいた広告代理店から、通信見てるよ、と発注いただきました！　その間、面談なし。通信の力にいつも驚いています」と。

こちらのお客様は広島でサイン看板の制作から取り付けまでされている中小企業の2代目社長40代。ご依頼をいただき、昨年9月から月一回のペースでA４一枚の社長通信の作成代行をお手伝いさせていただいています。ショートメールをいただき詳しく聞いてみると、

「実は、その会社の上司の方が読んでくれてたみたいで、それで担当の方を通じてウチに声がかかったんですけど、本当に大きな仕事になりそうです。数百万では効きません。一千万円単位の仕事です。蒲池さん、本当にありがとうございます！」

とおっしゃっていただけました。

ちなみにこちらの社長は、社長通信は毎月１００件程度、かつて取引があったところ

を中心にファックスで送られています。また、営業するのは社長とナンバーツーの方だけ。普段、現場にも出ているためとても忙しく、足繁く営業に回ることができないという課題を持たれており、営業力強化のために「社長通信」の導入を決断。

そして昨年9月から月一回のペースで発行し、今回、5年も会っていなかった広告代理店の方から発注をいただけたのです。

今、新型コロナの影響で、営業のやり方を見直されている社長も多いかと思われます。営業は会うことが基本であり、対面の営業の大切さは今後も変わらないと思いますが、今回のようなことになった時、営業のやり方が、お客様と直接会う対面の営業一本というのはリスクです。

このタイミングで非対面の営業を強化するために、社長通信を導入されてみてはいかがでしょうか?

クライアントの業種はバラバラです。住宅とかガーデン・エクステリア関係、お漬物卸の方、宝石のメーカーさん、アパレルメーカーさん。あと、士業や美容室のコンサルタントさんや、ガソリンスタンドの方からご依頼いただいたり。

地域は全国です。一番遠いのは、長崎の離島・対馬でビルメンテナンスやってる会社の個人通信を作らせていただいてます。

どうやって今の事業に行き着いたか？　まぁ起業の経緯をお話しさせていただきます。

まず簡単に自己紹介を

私は1980年生まれです。茨城県の取手市というところで生まれまして、父親は消防士、公務員ですね。母親は専業主婦です。小さい時から野球しかやっていませんでした。本気で甲子園を目指し、プロ野球選手になりたいと思っていました。家も特別貧乏でもなければお金持ちでもない。普通の家庭なので、起業家になりたいとか起業したいとか、これっぽっちも思ってませんでした。

もう私は公務員になろうと。消防士か、何か公務員になろうと、大学の時に公務員の勉強をしてたんですけど、なぜか船井総研というコンサル会社に運良く入ることができました。

丸3年間、死ぬほど働き、腸炎に

そこで、丸3年ですけど、死ぬほど働きまして。それが当たり前だと思っていました。最初に入った会社だったので。手取りは10数万なんです。めちゃくちゃ安いですよ。安いのに休みは正月だけとか。土日とか行くとみんないるんですよ。社員が。平日はみんなバラバラ各地にコンサルに出ているので。

新卒の私は毎日、どれぐらい働いていたか？　最初パチンコ店のチームに配属されまして、パチンコは一切やらないんですけど、その時、船井総研の中で2番目に稼いでいた人に、まぁ運悪く（笑）直系の部下になりまして。

朝は遅いんですよ。船井総研は。9時半スタートです。ただ9時半からスタートして、夜の9時ぐらいになると、やっと自分の仕事が始められるというか。それまでは上司からあれやれ、これやれ、バンバンバンバンずっと言われてますから。

で、夜9時から自分の仕事をスタート。新人たちは、「今日終電までに帰れる？」終電に間に合うかどうかの話をするんですよ。タクシー代なんか一切出ませんので、終電を逃したときにはみんなでタクシーに乗って帰ろうと。ほんとに忙しかった時は、夜の9時からやっと自分の仕事ができるんですけど、その後、先輩から電話かかってくるんですよ。

「打ち合わせをしたいから、ちょっと待ってて」

と。夜9時なんですけど。

「わかりました。何時ぐらいに帰ってこられるでしょうか？　一応、終電があるので」

「まぁ12時までには帰るよ」

が、帰ってくるのは1時なんです、深夜の。待ってなきゃいけない。で、1時から打ち合わせです。1時から2時、3時と打ち合わせをして、やっと帰れる。帰ろうと思ったら、

「お前ら早くやれ！　今、打ち合わせで決まったことを」笑笑。

夜3時からやって4～5時まで仕事やって、やっと終わると始発で帰るんですよ。電車で。大阪事務所でしたけど、中津駅から十三まで。まぁディープなところに寮あったんですよ。

帰ってシャワー浴びて着替えて、寝ちゃうと起きれないんですぐ会社に戻って、会社の椅子を3つぐらい並べて寝るんです。朝礼の時に誰かに起こしてもらい、またスタートするんです。1日が。そういうのを3年間やっていました。

でもそれが普通だと思ってました。手取り10何万円でも。そこに入れて良かったと思うんですよ、僕は。自分の限界を知ることができた。笑笑。

ああ、ここまでやると腸炎になるんだと。腸炎になりました、笑笑。働き過ぎて。これまたいいことに、当時の大阪の事務所は目の前に大きい病院がある、笑笑。お腹が痛いと。まぁ下してるわけですよね、汗もかきますし。でも仕事しないといけない。

病院に行ったら腸炎でした。で、薬を出されたらまた会社に戻るんですよ。薬飲みながら仕事して。僕の友人は、内臓のどっかに穴が開いたんですよね。働き過ぎて。で、入院です、目の前の病院に。そしたら、そこのメンバーが打ち合わせに行ってましたから、その病院に。笑笑。

でも僕はそれが普通だと思っていました。初めての会社だったから。

転職するが

丸3年やって、ちょっと上司と喧嘩をしまして、まぁ尖ってた部分もあったというか、あまりにも素直すぎて、もう辞めようと。

次に転職したのが東京の１００人ぐらいの社員教育会社でした。実は船井総研の３年目が終わる頃、だんだん世の中の状況がわかってきた。みんなこんなに働いてない。もうちょっとまともな働き方で給料ももらっているっていうのがわかって。

だから稼ぎたいと思いました。転職活動でその研修会社のことを見たとき、「年に４回賞与が出る」かつ「個人業績で評価します」と。

仕事内容というのは、講師の人と企業さんの間に立って、研修の仲介ですね。先生たちは外部の有名どころの、本を出しているような先生と提携をして、私は中小零細企業さんにお伺いして「そういうことであれば、この先生でこんなカリキュラムで研修どうですか?」という研修の仲介仕事だったんです。

私は船井総研にいた時、中小の社長と話をするのがすごく好きでしたし、慣れていたので、これは稼げる。自分はその時コンサルしてるわけじゃないので、どんどん営業にいける。と思って入社して。

ところが入社した初日に、個人評価ってないっていうことがわかるんです。入社して上司に、私はこういう思いで入ったんです、「個人評価だから稼げる」と。「いや、うちの事業部はチーム評価だから」と。

その時にあれ？おかしいなと思ったんですけど、年4回の賞与の2回目の時ですかね、入社して3ヶ月働いて、まぁチームでも仕方ない。チームでも頑張ればもらえると。まぁまぁの数字行ったんです。チームで。

いざ賞与もらう段階で上司から呼ばれまして、小さな会議室に。かまちゃんごめんと。実はうちの原資これしかないんだと。チームは8人ぐらいいて原資が7万円だったか。これ1人でもらうんでも少ないし、これみんなで分けるのかと。

独立の準備へ

その瞬間、あーもうダメだと。自分でやったほうが稼げる。と思ったんです。再び転職という方法もあったんですけど、転職してまた同じような会社に行ったら嫌だなと。と思って独立しようと。たくさんの社長にお会いしてましたので、できるんじゃないかと、まぁ勘違いをして。

独立をすることを決意し、1年ぐらい、私だいぶ石橋を叩いて渡る性格なので、そこから1年間準備をしながら、サラリーマンの時ですね、ドリームゲートとか商工会議所の創業セミナーとかいろいろ、自分の給料の大半、生活費以外は全部つぎ込んで、勉強して1年間。

何をやろうかと思ったというと、個人通信ではなくて、それこそネット。ネットの商売をやろうと。ただのネットではなくて、ウェブを使って仲介をやろうと思ったんですよ。

ちゃんとウェブサイトを作って。それまで完全なアナログでやってたんで。前の会社は。営業研修．ｃｏｍというサイトをつくりました。そして講師の人とも何人か提携をして、研修の仲介をやろう。と思って始めたのが２００８年の2月です。

独立したが、まったく売れず

教育と採用ってリンクしてます。それは教育会社に入るときにわかったんですけど、採用どんどんする会社って教育もどんどんお金をかけてくれる。じゃあまず、採用する会社を見つけよう。その教育会社は実は人材紹介事業もあって、採用の診断テストを販売してました。

ものすごい商品力のある診断テストで、メンタルヘルスがわかる。要は辞めにくいか？　ストレス耐性があるか？　それが一発でわかるという評判で。

アメックスさんとか小学館さんが使っているすごく良いテスト、ヒューマンキャピタル研究所さんのＨＣ－ｉ－ＡＳというテスト。ものすごく当たるんですよ。

前の会社の時は新卒でも売れたんですよ。楽々。ものもいいですし、僕もそれ、いいものだと思って、独立したらその代理店をやって、開拓をし、採用してるところがわかれば、そこに対して営業研修ドットコムを使って研修事業をやっていこう。と思ったんですけど、これがですね、面白いぐらいに売れないんですよ。笑笑。本当に売れない。びっくりするぐらい売れないんです。あんなにいい商品なのに、まったく売れない。

私が何をその時やったかというと、まぁ船井総研にいたので小手先が得意だったんです。すごく。小冊子を自分で作って業界新聞に広告を出す。するとスグたくさん問い合わせが来ると思ったんです。

ところが全然。まぁ数件来て資料送っても何の反応もない。当時、僕が入っていた生命保険の営業マンが、まぁ優秀な方で、都内の企業さんをたくさん紹介してくださったんです。人事の担当者に月40人ぐらい話ができたんです。だけど一件も決まらない。誰でも売れてたテストが売れない。なぜだ⁉ 私はもう、問い合わせがバンバン来る、楽々と売り上げが上がっていくと思っていたんで、実は近くのバッティングセンターで、昼間からずっとパカンパカン打ってたんです。

絶対、問い合わせが来る。メールがバンバン来ると。

ところが全然来ない。

東京の吉祥寺の古いバッティングセンターで、そこのお兄さんと顔なじみになってたんですが、昼間から来てたんで多分、「この人何やってんだろう?」と思ってたんじゃないかな。

で、生活費がどんどんどんどん減っていく。収入が無い時の減り方って、こんなに早いのかとびっくり。前の会社から1社もお客さんは持っていかなかったんですが、ちょっとバカだったなと思いましたけど。ほんとに。

融資を申し込むが

でも私はまだ、お金さえあればいけると思ってました。融資を受ければ、もっとウェブをしっかりさせたら研修仲介もうまくいくだろうと。港区の斡旋で創業の融資を受けようと思ったんです。区の担当者も「蒲池さんにはすぐ借りてもらいたい」「規定で3回打ち合わせを2回でぜひ」と言ってもらいました。

区が斡旋の融資は信用保証協会さんが保証人になり、後は銀行と交渉すればいいだけ。信用保証協会さんとは、僕はサラリーマン時代に、商工会議所で勉強して関係は築いてたんです。

後は、銀行さんさえオーケーと言ってくれれば数百万円の融資が降りてうまくいく。で、銀行さんに何度も通って、融資の書類を手書きで書き直ししました。フォーマットも古いんですよ。製造業向けの書類なので、ものすごく書きにくい。

1ヵ月くらい通ってやっと、融資の担当の人が「書類ありがとうございました。これが審査部に回り、蒲池さんの方へ連絡が行きます」と。その担当者は、今でも鮮明に覚えてますけど、最後「ぜひ融資の契約を結ぶハンコの時、僕も居させてください」と。若い営業マンでした。私も「ありがとうございました！」

後は連絡を待ってればいい。その数日後、携帯に銀行の審査部から連絡がありました。

「もしもし蒲池さんですか？」

「そうです」

「書類一式、ご提出いただきありがとうございます。残念ながら、当行として融資はできません」

1カ月散々通って、「ハンコの場に居させてください！」と言われたにもかからずダメ？　何か書き損じがあった？　と思って

「すいません。何か抜けてましたか？」

「いや、総合的な判断ですので。それではこの書類はそちらに送り返したらいいですね」

もう「チーン」ですよね。

生活費がゼロへ

お客さんゼロ、お金ももう無い。生活費の残りが2ヶ月まで行ったんですよ。すると顔が引きつるんですね。心がピクピクしてきて、笑えないんですよ。笑おうとしたら、なんか痙攣してるんですよ。コメカミとか頬が。これほんとヤバイと夜も寝れない。

なぜ寝れないいか？　寝てる間も生活費はどんどんかかってる。寝てる場合じゃない。何か利益を生み出す方法を考えなきゃ。でもそんな夜中に思い浮かぶわけもなく、2時3時4時にな

って寝ちゃうんですよ。朝早く起きれないじゃないですか。昼間に起きて自己嫌悪ですよね。

そんな4月。もうあっという間です、2月から始めて。

4月の中旬、僕がいた社員教育会社から独立をした、モチベーションアップという会社の桑島社長さんのところに相談に行ったんです。

お前は社長失格！

実は、ちょっと相談しにくかった。先に桑島さんが独立をして社員教育会社をやってました。私も同じ社員教育事業でライバルでしたから。でも独立して落ちるとこまで落ちて、もうこれ以上ダメだという段階で相談しに行ったんです。池袋のオフィスまで。

夕方行って、「じゃあ飯でも行くか」と、近くの歩いて5、6分の地下にある居酒屋さんに行きました。2人席でビールから一通り注文。

「最近どうだ？　調子は？」

もうすべて話しました。こういう事業をやろうとしてこうなって、こういう風にまったくうまくいかないと。桑島さんてすごく優しい方なんですよ、普段は。そうしたら、

「そんな甘い考えでは、お前は社長失格だ！

さっさとサラリーマンに戻れ！」

そう叱られてしまいました。独立前の1年間、サラリーマンの時に1年間、**入念に勉強して、**
勉強会の先生には、

「これはすばらしいビジネスプランだ。いける！」

と言われたとおりにやって、何もうまくいかない。もう八方塞がり。

何やったらいいかわからない。私、もう、泣いたんです。おしぼりで。

もう終わったんだ。3ヶ月で社長終わりだ。

まさに地獄に仏、天職との出逢いが

その直後、桑島さんから、

「お前何か、他にできることないのか？

営業研修とかそんなデカいことじゃねー。

何かできることないのか？」

と言われて、最初に思いついたのが、

「個人通信の作成代行」だったんですよ。

なぜかと言うと、実は営業マン時代に私は「蒲池通信」というのを1人で出したんです。勝手に。それはまぁ成果が出てたので、自分の部下、それから別の部署の人間からも「教えてほしい」と言われ、書いたものを添削もしてたんです。さらにお客さんのところに退職挨拶に行った時、「ウチでもこういうのを出せるようになったらいいよね」とも聞いてたんです。でもその時はスルーです。「僕は営業研修．ｃｏｍでやるんだ！」でしたから。

個人通信！　そんなダサイ事はやりたくない。アナログだし。ということもあったんです。

あともう一つ。実は船井総研の時、小倉南区の小さな不動産屋さんが私のお客さんだったんですけど、そこでニュースレターを作るお手伝いをしてたんです。コンサルをしながら。

この3回のプチ成功経験を思い出したんです。「個人通信の作成代行」ならできるかもしれませんと。

じっと聴いた桑島さんが、

「お前がやるのは、そっちだ！」

まさに**地獄で仏。天職との出逢い**でした。でもお客様はゼロ。桑島さんから、

「お前すぐ動け！」

と言われてやったのは、「蒲池通信」を前職の営業マン時代にずっと出していましたが、会社を辞める時「蒲池通信最終号です」って送ったんです。サラリーマン終了なんで。するとと何件かのお客様から「蒲池通信だけは続けてほしい。今後も送って欲しい」という連絡が来ました。

当時の社員教育会社社長に、

「すみません。こういう返信が来てるんですけど、蒲池通信だけは送ってもいいですか？」

「それぐらいならいいよ、別にお客さんを持っていくわけじゃないし」と言われました。

その数社には蒲池通信だけ送っていたんですが、桑島さんとの出会いの後、小さくですね、基本売り込みはしないんですけど、

「こういう通信の作成代行できます」

と書いたら、なんと3社も決まったんです。実はその中の一社が、中野区で従業員さん４人でやってる、お漬物屋の社長からでした。桑島さんから、

「すぐお客様の声を聞け。それをもとにウチのリストにＤＭしてやるから。金は要らない」

私はすぐに、お客様インタビューに行って、そのお漬物屋さんの社長から聞いたのは、

「実は船井総研の花岡さんという人がコンサルで入ってる。花岡さんという人。彼にこの蒲池さんって知ってる？　と聞いたら知ってたよ。彼はほんとによく頑張っていた。彼みたいに頑張っている社員を辞めさせたのは、ウチが悪いんですと、すごく良く言ってた。それで信用して申し込んだ」と。

実は花岡さんと一回も一緒に仕事した事はないんです。ただ船井総研の時に同じフロアだったんです。私は何回も徹夜して、逃げずに徹夜を繰り返してたのを見てくださってたんです。あいつは逃げないと。過去の自分が今の自分を助けたような形になって、お漬物屋さんが決まりました。蒲池通信をひたすら継続していたおかげで。

住宅設備の卸のお客様からは、

「こういうのって保険とか証券のセールスから来るけど、みんな3回位で終わるねー。だけど蒲池さんもう2年だよね。毎月送って来て。だから信用できるんだよ」って。

そこの社長からはなんと「全営業マンの分もお願いしたい」と。毎年1名ずつ選抜をして、今もその会社さんとお付き合いがあります。あともう1社も決まり、そのお客様の声をもとに桑島さんが案内をしてくださって3社決まったんです。

こうして6社決まった頃、その年の夏に栢野さんのセミナーに参加しました。はじめての出会いです。水道橋でした。

竹田陽一先生と栢野さんのコラボで、コンサル士業向けのセミナーでした。

ここが私のもう一つのターニングポイントでもあるんですけど、参加申し込みの職業のところに「個人通信」て書いたら、栢野さんから返信が来て、「ありがとうございます。似たようなことをやっていて月商三百万円位やってるところがありますよ」と。

私はすぐ電話したんです。知らないんですよ、栢野さんの事は。申し込みしたらファックスが来て勝手に電話をして、「書いてあったことを教えてほしいんです」と電話したら、40分ぐらいアドバイスの話をしてくださったんです。

栢野「福岡の同業、ラクパ園田さんの話をしたかな？　まぁでも月に三百万円は無理。ケタ間違ったか、何かの勘違いでしょう」

まぁでも電話をして、話の中で、栢野さんは、

「蒲池さんがやろうとしていることは弱者の戦略として正しい。それは、めんどくさい形で、粗利率が高くて、継続性があって、接近戦ができる。正しいよ」

って言ってくださった。あ、これいけると思ってセミナーに参加して、栢野さんと名刺交換をした時に、

「蒲池さん、これは竹田ランチェスター戦略と相性が良い。竹田ビジネスモデル８大戦略の中に、『顧客維持戦略』っていう、リピーターやファンを作る科目がある。

最も人気があるんだけど、フォローハガキは自分で出せても、ニュースレターはイイと理解はできても、ほぼみんな自社では作れない。だから竹田ランチェスター系のセミナーにどんどん行って、名刺交換をして、蒲池通信をどんどん配れば、必ず一定の割合でお客さんになるよ」

って言われて、すぐ実行したんです。その後帰って、ホームページを見てランチェスターのセミナーを調べ、いろんなところに行ったんです。

その中で一番私がヒットしたのは、竹田先生の大阪地区代理店の一つ、エヌエヌエー佐藤元相さん。ちょうど定期勉強会が大阪であったんです。ところが3ヶ月で25万円!

僕は東京でその時はまだお金に余裕ないんですよ。交通費も入れたら50万円ぐらいかかる。だけど行くしかない！　追い込まれていたし、申し込みをした時「意気込みをどうぞ」っていう欄があって「必ず元を取ります」とFAX送った直後、電話で「あの～分割でもよろしいでしょうか?」と。笑笑。無事に分割にしていただきました。

でもそんな合同勉強会で露骨に営業したら嫌われますからね。ところが参加者には営業も売り込みもしてないのに、自然とお客さんが増えたんです。まぁ3ヶ月一緒に学んで仲間意識も高まり、自然に僕の事を理解していただいたようです。

そこでまず2社が決まり、運良く佐藤さんが「今度東京でも勉強会をやるんで手伝ってほしい」と言われ、お手伝いしたら勉強会に参加10人中、なんと4人が定期のお客さんになっていただいたんです。

そんなことを繰り返しながら、ファックスDMとかもちょいちょいやりながら、お客さんは徐々に増え、今では何とか食べていけるようになりました。

料金は月5万円です。毎回、電話とかお会いして取材をして、作成代行分が5万円です。栢野さんのセミナーに参加した時は「5万円で営業マン3人分作ります」って言ったんです。栢野さんから「それは安いよ」と言われ、いろいろ試行錯誤でやってる時に気づいたのが、営業マンの分より、だんだんとそこの社長から「俺の分を作って欲しい」と言われるようになって。

社長は自分の通信を作るのには5万円ポン！　と払ってくださるけど、営業マンの場合は一人作るのに5万円は払ってくださらない。笑笑。

社長はやっぱりやる気がありますし、やる気があるとたくさんネタを出してくれるんですよね。書きやすくて、かつ完成文をお渡しするとしっかり配ってくださる。もともと船井総研にいたことも幸いして、社長の相談相手じゃないですけど、話し相手になることができて、まぁまぁ重宝がられる。

通信には自分や自社の**売り込みは基本的には書きません。日々のちょっとした出来事**をA4一枚から二枚。日々生活や仕事をしてる中で、「ちょっとイイな」

「ちょっと嬉しかった」

「ちょっと感動した」事などを書いてます。

最初は全然書けなかったですが、やり続けると反応や反響が嬉しくなり、まさかの天職になりました。

◆栢野のコラム◆

竹田ランチェスター8大戦略は、①商品戦略(何を)、②地域戦略(どこの)、③客層戦略(誰に)、絞って小さな1位を目指すか。さらに④営業戦略(どうやって見込み客を集めて売るか)、⑤顧客維持戦略(どうやってリピーターやファンに)。

蒲池さんの「社長通信」は、⑤顧客維持ツールの一つです。継続すれば結果は出ます。ところが、ハガキに比べて文章量の多いニュースレター系の内製化は難しい。第1章の福一不動産も「外注に頼んだから20年継続できた」。一方、広告印刷会社は一回数万円~

程度の販促物は積極的にやりません。コンサルや企画屋も。私は元広告屋だったので、そのニッチに気づいてました。だから蒲池さんや福岡のラクパ園田さんに会った時「イケる！」と力説しました。

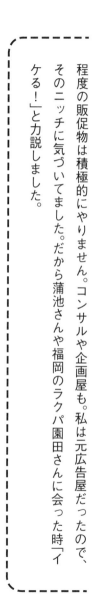

第4章

月給50円のお笑い芸人から「逆転人生」

◎ダサい「のぼり旗」で九州No.1「儲ける戦略」

山本 啓一

エンドライン株式会社代表取締役。1973年生まれ。福岡県出身。福岡大学中退後、芸人・フリーターを経て27歳で看板屋に就職。怒涛のような飛び込みブラック企業で営業力を身につける。2004年31歳で「エンドライン」創業。1人でいきなり年商1億円越えで楽勝かと思いきや、ダサい看板ののぼり旗以外の新規事業に次々と手を出して債務超過。潰れそうになって原点回帰し、のぼり旗立てて爆進中。

◆栢野のコラム◆

山本さんとは、福岡地元のあちこちの勉強会で会ってました。看板？のぼり旗？ 私は以前広告代理業をやってましたので、多少は身近に感じてました。なんか昔はお笑い芸人をやってたらしい。だからか、独立起業してからも1年ちょっとでほぼ自分一人だけで年商1億を突破してました。あーやっぱりお笑い芸人みたいな恥知らずな人間が営業やったらすごいなぁ。あのキャラなら発注しようと思うだろうなと。ところが数年後、アナログとは真逆のインターネットの販売促進や口先コンサルタントもどきみたいな新規事業を始めました。私も試しに何回か参加しましたが、さすが若いだけあってネットノウハウの習得もすごそうでした。経営勉強会も主催し、そこまではまぁいいんじゃないのと思ってたんですが、うどん屋を始めたときには驚きました。共に学んだランチェスター弱者必勝の戦略では、本業に関係ない非関連の多角化は命取り。案の定、最初の年商1億から多角化を進めた末に迷走ドツボにはまりましたが、大復活しましたね。さすがです。起業夜明け前の逸話も最高ですね。では山本社長に登場願います。

ザッと自己紹介

ウチの会社はのぼり旗や看板を扱ってます。看板は紀元前11世紀の売春宿が最初と言われ、のぼり旗は平安から室町の戦国時代が元祖と言われます。福岡市内の不動産会社さん中心に、飲食・イベントなどの売上支援や、求人会社説明会の集客支援をおこなっています。

製造や印刷は国内の職人さんや上海に外注してます。今後は他のアセアン諸国にも工場を広げたいと思ってます。以前、カンボジアやフィリピンに行ったんですが、輸送インフラがダメなんですね。

モノは安くできるんですが、輸送ができないので今のところは上海にとどまっています。日本で作ったら納期が5日間から7日間位なんですけど、上海でも5日で福岡に届くんですよ。まだ日本の半額でやれるんで、日本のメーカーは価格競争で大変でしょうね。

年商は今1億800万円ですね。実は創業2年目でもっと売り上げがあったんですけど、事情がありまして。まぁ後でお話ししますけど、一回落ちて、ようやくここまで復活しました、笑笑。

自分たちのミッションがありまして、たぶんウチ結構宗教的なんですよね。事情があって途中から理念経営にガッと変えたんですけど、**もう朝からとかクレドを読んで、一個一個の意味を説明して、何のために仕事をやるのか！**みたいな形で、これはこういう意味で作ったからとか、洗脳みたいな感じで。笑笑。

3年前から始めましたが、それまではまぁ一応、形は作ってたんですけど、全然腹に落ちないんですよ。なんか「私たちは社会貢献します！」みたいなの作ってたんですけど、浮ついた感じで、社員も全然それに関しては何も思わなかった。

今は、「伝わる広告　つながる笑顔　広がる元気ネットワーク」ということで自分たちの理念を掲げています。価値が伝わる広告で、会社やお店の売り上げを上げる。お客様の売り上げですね。それによってお客様が笑顔になって、私たちも笑顔になって、どんどんどんどん元気を発信していて、町中、日本中に元気を連鎖させよう！　という理念でやっています。

新卒説明会なんかの時は、この話だけで30分ぐらい話してます。

起業夜明け前

私、小中高と何もストーリーがなくて、普通に部活をしてバスケ部とかハンドボール部とかに入って普通に部活をして、普通に生活をやっていたんですけど、高校が軍隊系の学校だったんですよ。とにかく行進が多いんですよ、なぜか。必ず何か上半身裸なんですよ、笑笑。とにかく男は裸になれと。行進の練習ですね。1年のうち半分ぐらいやるんです。体育の時間。太宰府高校です。

新設校だったんで、先生がやたらやる気になってて、ちょっと軍国主義のほうに走って、とにかく行進ができないと人間じゃないみたいな。そんな教育だったんですよ。とにかく厳しくて。

大学はパチンコと競馬で退学

大学は福岡大学へ。大学ってゆるやかになりますよね。学校行っても行かなくてもいいし、自由になるじゃないですか。それまで中学校も軍隊式で鎖で縛られたような状態だったんで、まぁなんか自然に解き放たれて、ほんと見失ったような感じだったんですよ、大学に入って。勉強しようにも何かこう身が入らず、毎日、熱とか出たりして。結構神経質なんで、俺は何をしていったらいいんだろう？　と迷って。

結局、パチンコと競馬にハマるんです、笑笑。当時のメグロマックイーンとかにハマって競馬に毎週行って、平日はパチンコばっかり。バイトして競馬パチンコみたいな、この繰り返しで大学4年まで行って単位全然足らず、これはもう退学せないかんと親とも話し、4年半で退学しました。僕、大学時代のアルバイトが続かなかった。大体1週間ぐらいで辞めるんです。

バイトもダメ

例えばカレーハウスココイチでバイトしたんですが、最初に皿洗いや掃除をしろと言われ、「いや、僕は掃除とか皿洗いをするために入ったんじゃない」と店長に言ったらめちゃくちゃ怒られて。「バイトは最初はそっからだろっ」て言われたんですけど、「こんな汚い仕事はしたくない！」とか言ってもめて一週間で辞める。

居酒屋とか大体3日でしたね。塾の先生も1週間くらい。生徒と喧嘩して。笑笑。まぁそんな感じでほんとバイトも続かなくて。ゲームセンターとかは1年ぐらい続いたんですけど。要は甘えてたんです。今考えたら。ものすごく。昔から親は優しくてNOって言わないから、バイトも親みたいな感じで思って、怒る奴らがおかしいとか、ゆとり世代以上の考えだったんです。

バイトも続かず学校もやめたんで、働かなきゃいけないんですけど、私、働くのが本当に嫌で。大学の時もバンドで何とか飯を食えないかとバンド活動ちょっとやったんですけどダメ。甘いんですよ。ほんと。

これはもう自分で甘えとると思ったんで、土方の内装工事に入って1年間ぐらいがんばりました。でも土方の内装工事むちゃくちゃきつくて。キャナルシティーとエルガーラとか作ってたんですけど、むちゃくちゃ重い天井の部材とか持たされるんですよ。僕は1週間に一度はもうやめますって言ってたんですよ。でも迎えに来るんです。朝6時半ぐらいに。8時から現場始まるんで大体6時半とか7時に迎えに来て、ピンポンして「行くぞー」みたいな。首根っこ捕まえられて。

お笑い芸人になる

でも1年やれた。まじ親方には感謝してます。まぁ一応1年間がんばってですね、次に身の振り方をどうしようかなぁと思ってた時、テレビをつけると「ダウンタウンごっつええ感じ」とか、「ガキの使いやあらへんで」とかで結構ブレイクしてたんです。これかっこいいなと。結構面白いこと言えてモテて金が入る。働かなくていいし最高だなと。典型的な甘えのストーリーですね。吉本興業入ろうと思ったんです。ほんとに突発的に思ったんですね。

僕は別に生徒会長とかもやったことないし、今こうして話してるんですけど、結構緊張しいで。でもとりあえず吉本に入ろう。まぁ僕のダサイところで、普通は大阪か東京に行くじゃないですか。吉本っていえば。まぁ基本的には大阪ですよね。大阪や東京はレベルが高いから福岡にしようと思ったんです。地域戦略ですね。

福岡でテレビをつけると当時、華丸大吉さんがテレビやっていて、正直あんまり面白くなかったんです。ここやったら勝てると思って、福岡吉本に電話するんですね。まぁ**何回電話しても取り次いでくれなくて、実はこれテストだったんですけど**、6回目ぐらいにようやく所長が出て。これはテストです。それまでは女性事務員が「いません」て言うんです。本気かどうか試してるんです。

そして6回目ぐらいに所長が出て「今日イベントがあるから見にこいや」と。それも行けませんはダメなんですよね。すぐイベントを見に行って「どうやった?」って聞かれたから「いや面白いです」「お前あれぐらいできる?」「できません」て言ったら「お前おもろいな」と。よくわかんないんですけど、デビューって言われて。

僕は吉本入って1年か2年は雑巾がけとか先輩の身の回りサポートするばかりで、まぁ勉強しながら1年後ぐらいに舞台に立たせてもらったらいいかなと思ってたんですけど、なんか福岡吉本ではいきなりデビューだったんですよね。1人で喋るのもアレなんで、横に何かスリランカ人みたいな男の子がいたんですよ。ほんとスリランカ人みたいな。あんまり日本語が喋れなくて、いまだにどこの人?かわからないんですけど。

で、お前ら2人組んでデビューだと2週間後にいきなりデビューさせられて、そのスリランカ人みたいな人と2人で組んでとりあえず漫才出ました。でも失笑です。「何?この人たち?」って感じで。お笑いライブにお金を払って見に来てるのに、スリランカ人とあんまり緊張して喋れない日本人。でも失笑もめちゃくちゃ受けたんですよ。

それで勘違いしてちょっと続けてみようと思って、まぁそのスリランカ人とはすぐやめて、新たにコンビを組み直して2年ぐらい頑張ったんですけど。

才能の違いを知る

入って半年くらいしてココリコとか東京からくるんですよね。中川家とか大阪から来たりロンドンブーツが来たり。僕、結構使いっパシリをしてたんで、そういう人たちを見てると**明らかにポテンシャルが違う**。タカトシとかデビュー当時なのに、ものすごく笑いをとってくるんですよ。もう今みたいな感じで。

もうこれは**明らかにエンジンが違う**。僕は50CCで彼らはもうポルシェなんですよ。ポルシェが走ってるところに僕は50CCで一生懸命アクセルフカシてる感じで。今も結構思うんですけど、**ポテンシャルって大事**。**努力以上に才能って大事**だと非常に思ったんですよね。まぁ結局、2年半でお笑いをやめました。※**「強い敵とは戦わない」「自分でも勝てるポジションを探す」商品・地域・客層を細分化して、自分の小さな1位を！**

女のヒモになる

そして1年間ぐらい、女性のヒモになりました。26歳の時にお笑いをやめて18歳の女子短大生、大濠に住んでる子の家に転がり込んで。

お笑い時代の年収は、月収が50円ですね。月収50円で5円税金を引かれる。笑笑。45円が住友銀行に振り込まれてました。ちゃんと給料明細が来るんですよ。大阪から。郵送費のほうが高いんです。ほんと。残しとけばよかった。

2年目は上がったんですよ。20倍。月収千円です。笑笑。税金引かれて950円位だって毎月振り込まれる。でもATMじゃおろせないから窓口に行って950円を毎月下ろすとか。笑笑。お笑いって面白いのはイベントがいいんですよね。なんとか物産展とか長崎の港祭りとか、あーゆーのが一回1万円ぐらいもらえたり。でも交通費は自腹なんですよ。宿泊費も。だから行って帰って赤字なんですよ。JRで行っても。そういうのいっぱいありましたね。

一番ひどかった営業は、大阪から演歌歌手が来て、私は相方と天神の新天町でレコードショップで毎月バンド。でもお笑い芸人の私らより、大阪の演歌歌手のほうがむちゃくちゃ面白かったです。

サギ会社に就職

ヒモを経て27歳で初めて就職するわけですけど、3日でやめたんです。すごい悪徳なんですよ。大名にあった会社で、2000年当時ネットベンチャーブームの頃。ちょうどライブドアとか出てきた時代なんですけど、そこもパソコンを通信販売で売るっていうんでカッコ良かったから就職したんですけど、ほんとすごいんですよ。

まず入社して座るじゃないですか。「ここ山本くんのイスねー」と座ると「昭和がいい？平成がいい？」と言われて、「じゃぁ昭和」「昭和何年がいい？」って言われたから、「昭和60年ぐらいですかねぇ」と言うじゃないですか。

そしたら昭和60年の卒業アルバムドサッと出されて。「何県がいい？」「福岡ですかね」「いや、福岡あまりうまくいかんねー」「じゃあ宮崎」。と宮崎の昭和60年卒業アルバムをドン！と置かれ、「ここに電話して。ここに実家の電話番号があるから」と。

例えば栢野さんとこに電話するんだったら、「あーオレ、克己くんの友達やけどさぁ、克己おる?」とか言うんですよ。「ちょっと待ってねー」とか本人いるのわかったらガチャ切りするんですよ。やばいから。

でも宮崎とか鹿児島の人っていい人なんですよね。「克己? いや、いません」とか言うじゃないですか。大体、都会とかに出てるの多いから。学生とか就職で。そこから騙し始めるんです。お母さんお父さんを。パソコンを、普通は5万とか6万円のパソコンを50万円ぐらいで買わせて。対面せずに。息子の友達やからと同情も買って。

そーゆー商売を3日ぐらいやって。1日5～600件電話。イスでちょっとでも背伸びしたら、なんか棒の紙みたいなやつで叩かれるんですよ。「時間もったいない!」とか言われて。

そんな会社なんで3日で辞めましたが、ある時、例えば「克己くん居る?」って電話したらいきなり「克己の友達?」ってお母さんが泣き出したんです。「克己は3日前、オートバイで事故をしてね。昨日、葬式やったんよ」とか言って大泣き。僕のこと友達と思ってるから「わざわざ電話くれたとね。ありがとう」って泣き出すんですよ。大泣きするんですよ。そのお母さんが。こっちももう涙が出てきて。これはもうやめないかんと思って。という仕事を3

日だけしました。

超ブラック「のぼり看板」会社へ

その後、のぼりや看板の会社に入りまして。これ結構すごい会社で、ここは飛び込み営業しかさせてくれなかったんです。朝6時から6時半の間に出社。必ず。社長は7時に来るんで、それまでに会社をキレイにしとかなきゃいけない。7時から8時半までは打ち合わせという名のイビリが続くんですよ。昨日の売上目標にに対して「何で達成してないんだ⁉」とか。

とにかく詰められて1時間半。9時になったら会社を出ないといけない。9時1分にいたら蹴られるんです。9時から6時まで外回り。一日で決められたところを25件営業して、必ず10件名刺を持って帰る。見積もりは必ず三軒持って帰るというノルマがあるんですね。行かなかったら帰ってくるなという世界で、件数をとにかく捏造しながら。笑笑。

名刺は毎日10件もらえない場合があるんですよ。だって既存のお客さんもいるんですよ。新規だけやったらできますけど、既存のお客さんところで打ち合わせしても名刺もらえませんから。だから友達に会ったりしたら同窓会とか言ったら名刺カードもらって保存しておくんですよ。今日もらったフリーしたところに入れて在庫を出していくっていうですね。そういうことやってたりしてたんですけど。その会社はノルマが厳しくて月のノルマは絶対なんですけど、週のノルマもあるんですね。

例えば月のノルマが400万円としましょう。そしたら週に100万円やれと。で週に100万円行かなかったら土日出社なんです。土日出社は何をするかというと、博多駅の名店街とかキャナルシティとかショップに飛び込んで名刺を2~30枚位もらったら、その日はよしとしようという変なルールがありまして。

基本的には月金で売り上げを上げないといけない。行かなかったら土日も働く。罪を償え！。という風な会社です。月金だけだったらいいんですけど。月に400万円で週100万円だったら、土日以外の5日で毎日20万円ですよね、売り上げって。その20万円をまた8時間で割られるんですよ。だから1時間2・5万円で2時間ごとに社長に報告する。2時間ごとに5万円上がっていないと無茶詰められるんですよ、電話で。

行くのか今日？　意地でも今日とってこい！　と。毎日吐いてましたね。ご飯食べれないんですよ。プレッシャーで。ほんと変な話、一度うんこもらしたんですよ、プレッシャーで。うんこもらしたり、ゲロもしょっちゅうで、ほんとうなんか頭おかしくなりそうでしたね。4年半続いたんですねそれ。みんな入ってきた社員は3日で辞めるんですよ。とか1日で辞めるんですよ。

なぜ4年半も続いたのか？

知らなかったんですね、他所の会社を。単純に。忙し過ぎて他の友達と会う時間もないし、誰かにその話を吐き出す時間もないし、朝から晩まで土日もやってるから。これが当たり前と思ってて、父親とかすごいなぁと思って、友達を思い出しては、あいつ今何やってるんだろうなぁって。すげえな社会はって思って。

時間ができたときに同窓会に行ったんですよ。お前たちすごいよねーって言って。何が？お互い大変やね。で話をしたら、「お前それおかしくない？」初めていろいろ聞いて、俺の会社おかしいんだ超ブラックだと。そこでもうやめようと思ったんです。それまであんま知らなくて。よそと比較することもなくて。

実は僕が営業したことで社長が家を建てたんですよ。ベンツ買ってランクル買ったんです。

僕ももうだいぶ恩返しもしたからいいかなと思ってやめることになりました。年間一人で1億ちょっと売ってましたね。

社長は昼から風俗に行くんですよ。毎日。給料は一番良くて30万円でした。粗利は300万円から400万円です。社長と僕ともう1人ぐらいしかいませんから、超豪遊ですよね。まぁそんな会社でがんばって、やりました。辞めることになっていろいろ止められたんですけど、まぁ社長もだんだん僕のことが目の上のたんこぶみたいになって、じゃあいいよっていうことで。やめるようになりまして、

僕はその後インドに行こうと思って。独立起業するとかいうのはまったくないんです。周りに起業してる人もいないし、父親もサラリーマンで起業って環境ゼロですよ。だからインドでも行ってまた広告代理店でも入ろうかなと思ってたんですけど。インド行ったら自分が変わりそうかなと、笑笑。結構、本気で悩んでたんで。

起業のキッカケ

ちょうど僕が辞めるときに、代わりに入ってくる人がどっかの営業部長だったんですね。僕を見て、あー売り上げもあげれる、デザインもできる、請求書の発行や経理もできると。全部やらされていたんで。だったら山本くん独立したらいいんじゃないって。けしかけられたんです。一緒にやろうよってけしかけられたんです。

ちょうど、親とか今の嫁さんとかに話したらいいんじゃないって言って。すごい軽い考えで。普通止めるじゃないですか。たまたま止めなくて。じゃぁやろうかと言うことになりました。お金は別にまぁちょこっと残ってたんで、200万円くらいは。じゃあやろうかという感じで始めたのが、ほんときっかけですね。

販売の基礎

今、起業までの話をしましたが、僕の中では今でも大事にしてることが3つあって、販売の基礎って飛び込みとアナログ。これやっぱり今はネットマーケティングがあるんですけど、基本は**アナログでの心理戦をネットに置き換えているだけ**で、やっぱ**基本はアナログ**じゃないかなと。

うちの社員にも入社したら、飛び込みは今はさせてないんですけど、電話営業は一日100本やらせてます。「面談！面談！面談！面談！」って言って経験を積ませてますね。後は大量行動ですね。やっぱり**数が大事**かなと。**営業なんて打率が決まってるんで、やっぱり大量行動が基礎**を作っていくと思います。

後は**何でもやってみる**。当時その社長からこれもやれあれもやれと言われて、営業だけじゃなくデザインも家で経理もやれと全部やらされたんで、逆にいろいろできるようになったんで、学んでやってみるっていうのが大事かなと。という事は今、社内でも言っています。

ホリエモンに影響を受ける

起業して1億円行った話ですけど、実はですね、起業するときにちょうどホリエモンが近鉄を買収しようとしてた時なんです。２００４年の9月に起業したんですけど、ライブドアがマスコミに出てきたのが6月なんですね。僕何も知らなくて、単純にですよ、同い年の、歳一緒なんですよ。同い年の福岡出身の人が東京で近鉄を買おうとしてること自体が、まぁ言葉に置き換えるとかっこいいと思ったんです。単純に。

自分は視野が狭かったんで、自分の周りってそんな人いないし、こんな人たちがいるのかと。いろいろ調べたら、例えばサイバーエージェントの藤田さんとかそんな人が出てくるわけですよ。もうかっこいいなと。若くしてこんなふうに成功するのも。

で、起業したときに僕は会社を上場させたいと思って、実は起業したんです。実は起業当初から証券取引所に行ったりとかいろんなところのセミナーに出たりして、いつか上場するぞと言いながら仕事をしてました。

僕は職人じゃないんですけど、やっぱり地味なんですよね、仕事柄。のぼりとか看板とか。まぁ実際問題、上場とかできるのかなあ、とか思いながら。でも毎日飛び込み営業しながらやってました。

僕をけしかけてくれた人は、実は楽をしたかったんですね。僕をけしかけて独立させて、自分はぶら下がろうと思ってたんです。だから1年でクビにして、すぐばれたんで。1年で辞めてもらいました。その次は、もう1人から再出発しました。

その後ですね、売り上げ2年目で1億2000万円位まで行って、まぁ粗利が今より低いですけど、まぁ別にお金に苦労することもなく、お金持ちじゃないんですけど、ちょっとしたお金が自由に使えるような。ほぼ1人1億2000万円なので、非常に楽でしたね。

隣の芝生は青い

でもやっていくうち、のぼり看板屋がかっこ悪く感じたんですよ。だんだん人脈が増えていくじゃないですか、起業してると。そしたら、インターネット動画の会社さんとかネットマーケティングの会社さんとか、システムの会社さんとか研修の会社さんとか、いろいろ若くて綺麗な仕事の人たちと会うんですよ。

ウチは油まみれの製造ラインとかはないんですけど、外注なんで。やっぱり看板やのぼり旗の設置で外に出て、現地で屋根や壁の寸法を測ったりとかいつもやってるわけですよ。たまには泥まみれとか。そういうことばっかりやってたんで、格好悪いなと。

「ほんと俺、カッコ悪いな」

と他の事業を展開していくんですね、社員は3人なのに。

ウェブコンサルタント、研修事業、動画事業、レシート広告、学生向けに講師業とかやって、まぁサインというのは看板業ですね、社員が3人ぐらいでいわゆるこう、多角化っていうやつですか。はい、やりましたね。

理由は、のぼり旗や看板の仕事が格好悪いからです。もう、のぼり看板を辞めるために、何かを探し始めたんです。で、会う人会う人の事業が全部かっこよく見えて、まぁホント子供みたいですね、ウェブコンサルタントはかっこいいというか、これからの仕事だと思いました。だから俺もウェブコンサルになろうと。そこに勉強だけで数百万つっこんだりとか。

あと、動画も機材一式買ってですね、お客様の声を取る専門の動画の事業立ち上げたりとか、あとレシート広告事業も200万円くらいでシステム作ってやったりとか。ほんといろんな事やりました。

看板屋じゃない！

でも、お客様は看板のぼりを注文してくるんですよね。いろんなお客様と名刺交換するとき、「看板屋さんですか？」ってよく言われてたんですけど、まぁ当たり前ですね。名刺は看板のぼりなんて書いてるんですから。

でも、「看板屋じゃありません！」と言ってましたね。恥ずかしくて。「俺のことを看板屋なんて言うんじゃねー。俺はもっとかっこいい事業をやるんだ！」と思って多角化しました。

他に講演会の主宰もやってましたね。いわゆる成功者を呼んで福岡成長塾ってやっていました。例えばホリエモン堀江さん、ミドリムシのユーグレナ出雲さん、リフォームのエムビーエス山本社長とか。これ全部上場してる人ですね。エーワン精密の梅原社長とかも。自分がしっかりしてればこういう人たちを呼んで講演会とかする必要ないのに、なんか自分の空虚感がずっとあって、こういう人たちとつながっている自分を見せたいという虚栄心もありましたね。

ホリエモンは当時からズバズバ。スマホゲームとか情報弱者向けだから、グリーとかモバゲーのDeNAが良い会社とは思わないって。ソフトバンク孫さんや楽天三木谷さんは上手過ぎる。僕は裏表なく卒直に言い過ぎて失敗したとか。笑笑。

売上推移

で、売り上げですね。起業初年度3000万円。これは実際の数字です。2年目7000万円、3年目1億2100万、1億2500万。そして1億1000万円、8000万円、5700万円と、ガーっと下がっていきます。借金が多い債務超過です。

この5700万円の時に借金が4000万円ありました。今は3000万円の借金ですけど。ここまできて、北九州銀行さんが来て「社長！やばいんじゃないの？」と言い出すんですよ。やばいのはわかってたんですよ。だけど僕はこの前に2〜3000万円位借りてたんで、キャッシュはあったんですよ。銀行に。キャッシュあったんですけど、毎月100万円の赤字が出たんですね。

毎月100万円の赤字が2年間も続いて、だんだんキャッシュがなくなって、最後ほんとスカスカになった時に銀行さんが来て、「やばいんじゃないか」という話に。確かにやばいな。っていうのが2010年ですね。

うどん屋にも手を出す

そんな最悪の時、多角化の最後に、しかも、なけなしのお金でですね、「うどん屋さん」を始めるんですよ。早く気づけばいいのに、またさらに多角化をするんですよ。本業にはまったく関係ない。僕のまわりにまた、かっこいい飲食店の人たちが現れるんですよ。アトモスダイニングとかO・B・Uカンパニーとかですね。仲いいんですけどね、今でも。何かこうカッコいいよねと。儲けてるし。僕も何か飲食、うどん屋さんしようと。

「ありがとう！」に飢えて

当時、僕「ありがとう」に飢えていて、笑笑。看板のぼりってBtoB、法人向けの商売なので、お客さんからあんまり「ありがとう！」とか言われないじゃないですか。「おー！納期に間にあったな。サンキューサンキュー」程度じゃないですか。

うどんとか出して「いやー！おいしかったよ。ありがとう！」って言って欲しかったんですよね。笑笑。「ありがとう」飢えてる病だったんですよ。いろんな人にも言われたんですよ。「山本さんは元お笑い芸人だし、ＢｔｏＢよりＢｔｏＣのほうが、個人向けのほうが合うタイプだよ」って乗せられちゃって、やっちゃったんですね。

ところが僕、個人に対してすぐキレるんですよ。もう実際、やっぱ夜、酔っ払いが来るんですよ。もう腹が立ってきて、なんか喧嘩になるんですよね。3日に1度ぐらい。対法人ビジネスは呼び捨てとかされないし、「これやってください」「わかりました」ってレベルじゃないですか。だいたい。

ところが酔っぱらった客が「おい！ビール！」とか言うでしょ。もうむかついて笑笑。「何がおいビールだ。ビールくださいって言わんか！」とか。笑笑。「早く持って来い！」とか言われるけど「今忙しい！　早く持っていけんたい！」笑笑。カチンときて。

なんか合わないなぁと思いながら、結局半年ほどで辞めるんですけど。会社全体の売り上げも最低ですね。年商5780万円の時、経常利益がマイナス1000万円。これ結構きついんですよ。意外と。先が見える赤字ならいいんですけど、この時は先が見えない状態の赤字。僕自身も何がやりたいかわからない赤字で。

社員も大変でひどかったですね。昼はのぼりや看板の経理をしながら、夜はうどん屋さんで厨房に入らされたりとか。まぁ今も、その社員さんたち残ってますけど。まぁこんな感じで、よく見ると起業して毎年、ほとんどは赤字人生なんですよね。赤字↓黒字↓黒字↓赤字↓赤字↓赤字で債務超過になりました。資本金300万円だし。こんな状態です。

うどん屋をやって良かったこととは？

で、実はうどん屋さんを出した理由はもう一個あって。

自分たちは看板屋のぼり屋だけど、どうなのか？　本当に販促の効果があるのかな？　という疑問があったんですよ。プライドがなかったのがそこで。要はネットマーケティングってクリック率とかコンバージョン率とかいっぱい出るわけじゃないですか。でもなんか、のぼりや看板て出ないわけですよね。数字が。「これ付けてどうなるの？」ってお客さんから。だから一応自分で実験して、僕全部数字を取ったんですよ。

例えば辛味噌うどんでのぼりを立てたら、20杯増えたりとか、やっぱりのぼりを立てた月って上がってるんですよね。商品の売り上げ。それを全部数字化、数値化したんですよ。ぐるなびとか食べログとか全然してなくて、単に看板とのぼりを出していたんですけど、なんでこの店に入ってきたんですかと聞いてみたら、「いやー外の看板を見て」ってお客さんが言うんですよ。まぁそりゃそうですよね。一応看板とかちょうちんとか、やってるんですよね。

来るお客さん全員に「なんで入ってきたんですか?」って聞いたら、のぼりを見てとかA型看板を見てとか言われるんで、遅ればせながら、雷が落ちた感じでした、理念が落ちてきた感じですね。のぼりや看板、もしかしたら効果あるんじゃないのって、笑笑。ということが実は自分の実店舗でわかったという。

それが2010年位なんです。一番下がっている時の話です。それこそ基本のランチェスターみたいに戻って、もう一回事業絞ろうと思ったんです。でも、そう思っても売り上げ下がってて、目先のお金もないし、どうしようかなと。看板をまたやるのもすごい嫌だったですね。

またその世界に戻るのかという時に、デリスっていう当時は上場目指していた会社があるんですけど、まぁちょっと鼻っ柱が強い人で、僕ずっと経営相談とかしてたんですね。この人も苦しい時期があって、僕なんかよりももっとすごい人生を歩んでいて、こういう時はどうしたらいいのかと。自分は何がやりたいのかわかんない。ただ看板に戻ったほうが売り上げは上がるけど、そこのエネルギーがあまりないという話をしたんです。

「やるべきこと」「やれること」「やりたいこと」

その時、この3つの円が合うところ、「やるべきこと」「やれること」「やりたいこと」の3つの円が合うところを探したらいいよ。山本さんはどっちかと言うと、「やるべきこと」ばっかり考えてんじゃないのと。まぁ確かに。もうちょっと「やりたいこと」とか「やれること」ってあるんじゃないのと。

その時、先程言った雷が落ちたときの気持ち、それからこの**「やりたいこと」「やれること」「やるべきこと」の3つが重なったところ**は何だとか、経営理念とかも考えました。そして、腹にストンと落ちて、今はのぼり旗と看板に絞っています。

売り上げが落ちる時は早いんですけど、なかなか上がらないですね。なぜかというと勝負できないんですよ、お金ないから。いつも。「大逆転した社長」とか見たらいかんなと。僕は常に土俵の真ん中で勝負しないとだめだなぁって、最近思ったんですよ。

お金がなくて一発逆転とかよく取り上げられるじゃないですか。テレビとかで。でもそんなのって多分まぐれで、やっぱり常にお金が潤沢にあって、借金なくて、土俵の真ん中で勝負できないとやりたいときにやれない。

こうして五千万円台に落ちた後、七千万〜八千万〜九千万〜1億800万と頑張って復活してきたっていう感じですね。攻めてないっていうか。守りながらですね。安定飛行ですよほんと。飛行機で言うと。

近年はずっと黒字で。借金も返していけたんですけど、今年は勝負しようかなぁとは思っています。七千万の時に190万の経常利益が出て、八千万で200万、九千万円の時に490万円で、去年が1億400万円で700万円の経常利益が出てるという形です。

今は、何もしなかったら一番儲かるんですね。社員も入れずに、何もしなかったら年高1億2千万円くらいで経常利益が900万円とかになって、自分の報酬は740万円。もうちょっとあげようかなと思ってます。借金はあと2800万円くらいです。

まぁそんなに苦しくはない。今年は1億7600万円が目標で、ここが今問題なんですよ、これを一気にやろうとしてるんで、もうぐちゃぐちゃやるんです。で、したい事は横に置いて、やるべきことのみに絞ったということですね。

具体的戦略

具体的に何をやったかというと、戦略論なんですけど、**「客層」**ターゲットを不動産業に絞りました。飲食とかいっぱいお客さんいたんですけど、まぁ来るものに対しては拒まずやってたんですけど、自分たちから行くのは不動産業のみ。だから不動産屋に資料を作って、不動産業向け新ウェブサイトも一つ作って、不動産業界の中では認知度が増えましたね。

あと**「商品」**はいろいろやってたんで、看板、幕に絞りました。**「地域」**も福岡市内に絞って、他の佐賀とか全部整理。すると黒字化しました。

ただ売り上げは上がらないですね。絞ると。売り上げがあんまり上がらない。僕の今の座右の銘チェックポイントですけど、赤字を出さない。赤字グセになりますよね、あれほんとに。大体5ヶ月ぐらい赤字が出てもまぁいいやと。ほんとに怖いですね。6ヶ月の赤字が出るともうそれが当たり前みたいな。「赤字、これは先行投資」だとか言いながら。

事業を絞り込むと当たり前ですけど黒字化する。さらに、理念を作って宗教のように教育をする。まぁやめた奴もいます。でも理念は、戦略と同じくらい大事だと思います。

やらない後悔より

後悔しないために。僕がいつも言い聞かせることがありまして、
作家のマーク・トウェイン。『トム・ソーヤの冒険』を書いた人です。

「今から20年後、あなたは
やったことよりも、
やらなかったことに失望する。

故に、もやい縄を解き放ち、
安全な港から船を出し、
貿易風に帆をとらえよ。

探検し、夢を見、発見せよ」

同窓会とか行くと、あん時あれやっときゃよかったとかいう話しかしないんですよね。40歳過ぎると。あん時花屋やっときゃよかったとか。

僕、人生をひもといて考えると、お笑いに今、興味がないんですよね。それはやって失敗したからなんです。もしやってなかったら、いや〜俺は、華丸よりも面白かったよって言ってるかもしれない。やったからこそ、彼らの凄さが全部わかるし、もうほんと、お笑いに関して未練もまったくない。

いろんなことに未練がないですね。やっぱやらないことのほうが、すごい後に残ってるんじゃないかな。人は。だから僕は全部やっていこうと思ってます。

上場するのも別に失敗して潰れても、たぶん後悔しない。でもやらなかったら、10年後も言ってるんですよ。俺も上場を目指せばよかったと。それは自分が目指すと決めたんで、後は失敗して笑われるか、成功しても笑われそうですけど、まぁやろうと思っています。

最後に吉田松陰先生

よく会社で社員にも言うんですけど、

夢なき者に理想なし
理想なき者に計画なし
計画なき者に実行なし
実行なき者に成功なし
故に、夢なき者に成功なし

ということで、みなさんも、夢を持って生きて行きましょー！
ありがとうございました。

何でも質問タイム

質問：近藤と申します。不動産業界に特化した理由は何だったんでしょう？それと、のぼりや看板は他よりも安いんでしょうか？高いんでしょうか？

不動産に絞った理由は、単純にリピートが多いからです。あと業界が結構、閉鎖的。僕らたまたま不動産の仕事が多かった。慣れてるところに絞ろうと。対外的には「不動産を通じて街を明るくする」とか言ってたんですけど、単純に不動産が得意だったんです。不動産業の社長と信頼関係を作るのが得意で、こっちも知識があった。あとリピートが多いので。

あと、ウチは安くはないですね、たぶん。自ら製造する看板屋さんと比べるとウチは高いですけど、広告代理店に頼むよりは安い。その間がウチのポジショニング。電通とか広告代理店はデザインとかイイけど高い。製造屋さんはデザインとかマーケティングが弱いんですよ。僕は広告代理店と同じ位のデザインとかマーケティングのまま、価格は安くしてます。

質問：独立起業で、この業種を選んだのは、前の会社での成功体験ですか？

そうです。おっしゃる通りです。

質問：前に勤めていた会社のお客さんを、山本さんとここに持ってきたんですか？

ゼロですゼロです。結果的に僕が頑張って目立ったあと、向こうから依頼が来ましたけど、創業時に持ってきたのはゼロです。

その会社は、まだあるんですか？

あります。僕は社長と飲みました。2年くらい前に。誰かがセッティングしたんですよ。なんか頑張ってるみたいだねぇとか。すごい弱くなっちゃってて、今。なんか見るに耐えなかったですけどね。昔はビンタとかされたんですよ。気を失ったりとか、笑笑。だから前社のお客さんは持ってきてないですね。

質問：でもその前の勤務先で一人で年商1億円を上げて、独立した後の2年で1億円を上げたって凄いと思うんですけど、それはやっぱり以前おられた会社のノウハウが生きたと言うことですよね？

いや違うんですよ。これは裏がありまして、広告代理店から仕事をもらうことが多かったんです。当時。広告代理店って仕事いっぱい持ってるんですよ。そこにひも付いておけば仕事が入ってくるんです。今は違うんですよ。僕らはエンドユーザーに直接提案をしてるんで大変なんです、今のほうが。今のほうが儲かるんですけど、すごいロスもあるんですよ。

当時がですね、例えば地場の西広さんとか、電通さんとかにひも付いておけば、月に500とか1千万くらいの仕事はもうぼんぼん入ってきます。そんな感じです。飛び込み営業で1日30件とかざらに。いわゆる下請けです。だから最初の頃の1億とかは凄くないんですよ。当時はデザイナーもいなかったし、デザインとか言われても困るんですよ。ブローカーみたいな感じです。今のほうが実があります、しっかり。デザイナーも社員で常駐して、しっかりやってますんで。

質問：自分で「あがり症で喋るのが下手」と言われたんですけど、飛び込み営業とか、今はもう得意と思われますか？

飛び込み営業ですね。僕は全然あがらないんですよ。お笑いの時、チケットを路上キャッチで売る仕事がめっちゃ多かったんですよ。今は厳しいですけど、福岡天神の路上で女の子にお笑いのチケット売ってたんです。それがものすごく参考になった。女子高生に「汚ねー！」「クソ！」とかホント言われますよ。「芸人？　じゃぁ何かやってみろ！　バーカ！」とか。そんな子たちに路上キャッチでチケット売っていたんで、法人に飛び込み営業とか全然平気。最初から楽勝でしたね。

飛び込みはうちの社員も全員できます。やり方をちゃんと教えれば。営業マニュアルも作ってます。「見積もり出したら2時間以内に電話する」とか。

質問：大学時代も競馬やパチンコばっかやって単位もほとんど取らず中退して、あがり症で口下手だった人が、こんなに変わったのは？

僕の妻は高校の同級生なんですけど、昔とこんなに変わった人は他にいない、と。事業計画発表会に初めて嫁さん来た時、びっくりしてましたね。「あなた、こんなことやってたの」と泣いてました、感動して。昔の僕みたいにぶらぶらして、自分を見失って、夢も希望もないような人にはいろいろ言いたいですね。

質問：理念だクレド的な話は周りが「宗教だ！」って言うのは私もわかるんですけど、やり続けて社員や会社の変わり目ってどのあたりですか？

会社の理念は僕が勝手に決めたんじゃなく、一番業績が下がってた時、社員ミーティングを相当開いたんですよ。ちょっといやらしい言い方ですけど、社員を巻き込んだふりをしましたね。それも井土さん、彼も僕よりハードな経験をしているんで、この彼から「やっぱり社員を巻き込んでいったほうがいいよ」と**社員ミーティングという、各自の思いを全部吐き出してもらう会**を。

いろいろあるわけですよ。会社に対する思いとか。明るいとか元気とか、もっとこうしたいとか。それをまとめるフリして僕が作っていくというか。最悪の年商五千七百万円で借金も四千万円あった時代に。

見えなかったです。会社や自分のことが。何をやりたいのかわからない。面白くないんですよ毎日が。飲食に手を出したりとか、小手先に走るエネルギーがもうなかったんですよ。

質問：じゃあ他の人からも話を聞いて、理念を作り上げていった部分もあるんですか？

そうですね、社員とミーティングをしながら少しずつ作っていた、まぁ幹は僕が作ってるんですけど、彼らの言葉っていうのは結構入っている。だんだんそんなことをやっていくと、今度は自己洗脳に入ってくんです。たぶん。人って。

僕も理念とか言ってますけど、自分で自分を洗脳したんです。もう宗教ですよね。だからそう思っているというか、思わざるを得ない状況まで自分を押していった感じです。「こーなんだ！」って。

栢野「中小企業は経営理念とかまぁ99％はないですね。逆に大企業は１００％ありますね。

経営計画書も大企業上場会社は100%ありますね」

別になくてもいいんでしょうけど、たくさんの人を使うような場合とか、やっぱり大義名分というか、夢や理想は必要だと思いますね。

◆栢野のコラム◆

というわけで、まさか多角化で逆に売上半減とは知りませんでした。さらに借金も年商と同じ位に膨らんでいたとは、ほとんど倒産の危機。ただ私は彼のがむしゃらな営業力は知ってました。うどん屋を始めた時は呆れましたが、これはいいネタ教訓になるなと思ってました。そして期待通りの原点回帰。

扱う商品をのぼり旗と看板に絞り込み、さらに営業エリアも福岡市内と絞り、そして客層も不動産業に絞って、見事にV字回復で再び億越え。急速に無借金経営近づいています。

それと、山本さんは理念経営のプロですね。小さな会社レベルですが。私が専門とするランチェスター経営やMBAなどはビジネスノウハウの戦略や戦術ばかりで、理念とか愛とか勇気や情熱熱意とかはメニューにほぼありません。ただ私の師匠竹田陽一も、「会社経営の6割は社長の人間力で決まる。ビジネス戦略や戦術はせいぜい3割程度」と人間力=夢や願望や情熱、本業を通じた役立ち理念の大切さは認めています。

逆に人間力あっても、経営の基本である「戦略」「戦術」「商品力」や「営業力」が同業他社に負けていれば、社長の理念やる気があっても、そんなものは顧客には関係ありませんから、ひとたまりもありません。

でも理屈ばかりの人間には人がついてきませんし、それは間接的にエンドユーザーにも伝わります。まぁだから私は下品な評論家に徹しているのですが。笑笑。

しかし、ぶれないお笑い芸人時代の街頭チケット売りや、人前で恥をかく失笑経験など、さらにさらに、独立前の悪夢の看板やサラリーマン時代の超ブラック経験は何度か聞いてましたが、こうやって文字に直して読んでみて驚きの連続。強制労働ブラックだったかもしれませんが、現場の新規開拓営業力はあの社長のおかげですね。

さらに、次に登場するリーフラス伊藤社長のサラリーマン時代ともほぼ同じ。世間知らずの素人ってすごい。純粋無垢な新卒のパワーもすごい。「優良な大企業は新卒採用がほとんど」の理由も改めてわかりました。下手に実力があっても、会社や社長の言うことを素直に聞かず、自分勝手なことをする中途採用者は、問題を起こしがち。イエスマンがイヤなら起業してイタイ目にあいましょう！

まぁとにかく、山本さんも冒頭かどっかで言ってました。これからますますネット化が進みますが、ネットでも何でも最後のエンドユーザーはアナログの人間。

今の時代でもアナログの新規開拓経験や電話営業、ネットでもスパムのようなメールや友達のふりした個別メッセとか、多少嫌われても、こちらのほうから攻めていくアウトバンドな営業経験は必ず役立ちます。恋愛や婚活でも。

私も56歳で嫁さんに逃げられた後、57歳から婚活アプリや婚活パーティーに参加して、攻めのいいね！とプッシュのメールでマッチング。35歳差のカンボジア美女と59歳で婚約しました。最近はどうもパパ活されてるかもですが、笑笑。やっぱり人生は自分で前に出て開拓しなくちゃと強く思います。

第5章

サラリーマンを左遷とクビ!で「逆転人生」

◎子供向けスポーツスクールでNo.1「儲ける戦略」

伊藤清隆

リーフラス株式会社最高経営責任者・代表取締役社長。1963年、愛知県日進市生まれ。琉球大学教育学部卒業後、教育関連企業に入社。営業部長、北海道本部長、海外事業部長、九州支社長に就任。支社長時代に在籍企業が株式上場する。2001年、リーフラス創業。設立から4年での会員数1万名突破は「リーフラスの奇跡」と呼ばれる。現在、国内32都道府県と海外に事業所を設置。19期連続増収・売上高55億・正社員数780名・会員数47000名・法人契約数500社、あらゆる年齢層にスポーツを提供する『総合スポーツサービス企業』という新しいビジネスモデルを構築。

◆栢野のコラム◆

今や年商50億円を超え、子供向けスポーツ教室で、圧倒的日本一のリーフラス。私がその存在をマスコミ等で知ったときには、確か30億は超えてました。あーもっと年商が1億とか5億とか、もっと零細な頃に知り合ってたらなぁ。ちょっともう敷居が高いなぁとスルーしてました。

ところがある日、フェイスブックのメッセンジャーで伊藤さんからメッセージが。なんと独立創業時、私とランチェスター経営竹田陽一が書いた本をよく読んでいたと。栢野さんがやってた昔の過激ブログも毎日チェックしてたと。驚きましたね。こんな大成功社長が。すぐ一杯飲みに行って一気に仲良くなり、東京や名古屋で私が主催した勉強会で、赤裸々な起業ストーリーを披露していただきました。

検索すればわかりますが、リーフラスの記事は紙媒体やネットにもたくさん出てます。ところが、どのメディアにも出ていない成功のウラ話を、私の勉強会ではたくさんカミングアウトしてくれたのです。これは起業目指す人や中小零細事業者にもすぐ役立つことばかり。さらに私ら口先経営コンサルタントでもまったく気付かなかった営業方法や、まさかのブルーオーシャン市場発見の詳細まで。実は私の長男がオーストラリアのJ3みたいなところで年棒250万円のプロサッカー選手をバイト兼務でやってるのですが、プロのサッカーや野球は平均の引退年齢が20代後半。その後のセカンドキャリアが当然ですが何倍も長いのです。その点でもリーフラスの活躍は人ごとではありません。

以下、伊藤社長がカンブリア宮殿でもまったく話していない、はっきりいってあんなマスコミの10倍役立つ泥臭い話のオンパレードです。

今回も速読などせず、舐めるように何回も読み直してください。できれば書き写してください。また後半のまとめコラムで会いましょう!

ブラック企業で自己実現?!

今日はですね、栢野さん主催ということで、他では話したことない事もブッチャケます。

大学出て入ったのが超ブラック企業。笑笑。これがホントに良かった。狂った横山やすしみたいな創業者には大感謝です。私が在籍中に上場しました。今はもうブラックじゃないと思います。


私が就職した頃は、**ほとんどブラック企業**だったと思うんです。**成長企業**は、業種に限らず。まぁ365日働けと言われ、働いてました。それが普通だと思ったんですよ。会社の休みは日曜と祝日でしたが、日祝も休んだ事はなかったですね。そこの社長が、

「365日働け！　自己実現だ！」

自己実現って何だろう？　笑笑。新卒で何もわからないのに「よし！自己実現だー‼」とがんばりましたね。だから独立起業も全然辛くなかった。起業のほうが楽でしたね。勤めていた時よりも。


入社2年後、北海道の営業責任者で学習塾を作ることに。その当時は顧客名簿を役所で買え

たんです。一件30円とか10円とか、下手したら5円で。住民票閲覧って言うんですけど、つまり小学校の我々の塾のターゲットになる子供たちのご家庭が全部わかったんです。今じゃ考えられないですけど。ざっと書いて。それも仕事ですね。

ゼンリンの地図をコピーして、ここには小学校5年生と中2がいる。と地図に印をつけ、塾のチラシを持って回る訪問営業、戸別訪問です。時間は夕方4時から6時の2時間。それから夜7時から9時。4時から6時に一回回りますよね。その時に居る家のお母さんていうのはまぁ専業主婦とか、働いてないお母さんとか、まぁお話になればいいんですけど。大抵まぁ共稼ぎが多いんで、そこで留守だったご家庭を夜回るんですね。7時から9時ですよ。ピンポーンて。

皆さんご飯とか食べていられる時間ですけど、

「こんばんは！　今度新しく学習塾を開きました！

先生です！」

って言って回るんです。

「ウチは結構です！」ガチャーン！

「何時だと思ってんだ！」

そんなのばっかりなんですけど、笑笑。でも真面目にコツコツと回っていくと、大体一つの地図に30件位あっても「ここダメ。ここもダメ。もうダメ」と。時計を見るともう8時45分とか。帰ろうかなと**メゲそうになるんですけど、まぁいいや、あと3軒だけ。**とピンポンして、

「こんばんは！　今度、新しい学習塾を開きまして」

「あっ塾、考えてたんです」

というお客さんに当たるんです。

「そうですか。考えておられましたか。じゃぁちょっと、子供さん呼んでください」

もう8時9時ですから子供さんいますよね。呼んでもらって、

「はい。じゃぁ先生が、今から勉強を見てあげよう」

とレポート用紙に問題を出して勉強させるんです。

「これはね。こうやってやるんだよ」

と授業の疑似体験をさせるんですね、玄関先で。

「よし、これなら頑張れるね！　何々くん！」

「うん！」

「お母さん！　頑張らせてあげてください！」「じゃあこれ契約書です」と受注。

こういう塾の営業でした。これをやっててまぁ月間7人から10人、よく行って12人とか入会をさせていくと。そーゆー営業マンが大体4人から5人、一つのグループにいてですね。塾の2キロ四方のそーゆー家を全部くまなくつぶしていく。

一つの塾で50名入れれば何とか採算に合うので、大体7週間ぐらいで50名にする。そういうビジネスモデルだったんですよ。なかなか珍しい塾でした。

普通は何かチラシを撒いたりテレビコマーシャルとかですけど、もうほんとに戸別訪問で一件一件つぶしていく。

その経験はすごく尊かったと思うんです。

私、大学は教育学部だったんですけど、学校の先生はあんまりなるつもりはなかったんです。けど、塾の先生になるつもりで塾に入社したんですね。そしたらいきなり営業に回されて、えっ?なんだこりゃと思いました。今みたいにインターネットも何もない、塾だからどこでもいいやと入ったんです。某県の塾だったんですけど、入って最初にやらされたのがその営業なんですよ。最初はびっくりしました。こういうことやるんだと。

これ研修なのかな? いつまでやるんだろうと思ったら2年3年とやりましたね。でもまぁ、ちゃんとやってると入会が取れるんですよ。そしたら嬉しい。新人賞とかよくがんばりましたで賞もらって、より頑張ったりするんですね。営業成績が悪かったら日曜祝日も出て、休みなく働く。ああ怖っ！って世界があったんですけど、そんな営業を2年間しました。

北海道を開拓、そして香港へ

社長さんに営業成績を認めてもらいまして、3年目に北海道。その時は某県しか塾はなかったんですけど、北海道で塾を開くぞ！っと営業の責任者として行きまして。

何人かと一緒にやって、北海道で5つの教室を作ったんです。さっきと同じやり方でみんなで頑張って、一つの教室で50名位の教室を5つ作りました。北海道には1年半ぐらいたんですが、社長にあんまり評価されず、香港に飛ばされました。

香港で私の先輩が先生をやってたんです。まぁ先生って言っても1人ですよ。香港教室って立派な教室じゃない。普通のマンションに子供を呼んでそこを塾だってやってたんです。お金とって日本人相手に。私が先輩の入れ替わりで香港へ行きまして。

その時の生徒は20名でしたが赤字です。香港って家賃が東京より高く、マンションの1室でも30万円とかしたんですよ。しょぼい２ＤＫで。そのリビングを教室にしてましたが、もう全然赤字でした。そこへ私が行って1年半ぐらいで１３０名位にしました。これも営業力。香港で飛び込み営業は下手したら撃たれますんで、笑笑、日本人名簿に電話です。

香港ではガツガツ営業はマズいと思って、

「こんにちは。今度、塾を開けましたけど、今ちょっとウエイティング中です」。

ウェイティング中でなんで電話してくるんだという事ですが、笑笑。まぁ、

「ウェイティングです。ちょっと今いっぱいです」

いっぱいじゃないですよ。20名しかいなかったですから、笑笑。でも、

「空きがありましたらご連絡しますけど、どうされますか？」って言うと、

「お願いします」

となるんですよ。引いてやるんです。プッシュでなくプルですね。電話営業は日本だったらすぐ切られちゃいますけど、海外・香港在住のお母さんにとっては、日本語の電話に安心するんですね。

「こんにちは！」と最初に言えば。そういう風に「ウェイティングです」「ウェイティングです」とコツコツ電話してウェイティングリストを作り、少しずつ入会してもらいました。

小手先な営業戦術が大成功しました。笑笑。こうして香港で当初20名を１００人以上に増やしました。1年半で。社長にもようやく認められましたね。

一人になって人生を考えた

その時、香港で1人なんです。他の会社のように3人4人じゃなくて、1人で全部やったんですね。塾の先生も営業も全部やって。ひとりぼっちなんですよ。誰もいないです。

塾の講師も自分でやりました。一応、教育学部出身なんで。でも日本人駐在の子供じゃないですか、優秀なんですよ。筑波大学附属出身とか、私が見てもわからしません、笑笑。勉強はわかりませんけど、「頑張れ！」って動機付けなんです。先生の仕事は。「よしいいぞ！　がんばれ！　はい解答はこれを見て」ってね。個別指導だからできるんですね。

当時、香港でライバルの塾はなかったですね。日本人向けでは。今はいっぱいあると思います。1990年代半ばですね。ブルーオーシャンでした。しかも個別指導の塾ってなかった。香港に行ったのは25歳で27歳位まで2年間でしたけど、日本だったら楽しく酒飲んだり友人もいっぱいいるし、別に何も考える事はなかった。

香港では1人だったのでじっくり考えたんです。あー、自分て一体なんだろう。ほんとに。これは初期の頃ですよ。お友達があまり香港でいない頃。本も読んだり、自分て一体なんだろう。突き詰めていった時、自分は日本人なんだと。初めて自分自身のアイデンティティーの確認というか、そーゆー初体験をするわけです。

自分は日本人だ、日本てどんな国だったんのかなあって、本気で考えたんですよ。日本人として、何か日本のお役に立てればと、漠然と思ったんです。

何のために生まれてきたんだろう、死んだらどうなるんだろうとか、そんなバカな変なことを、やっぱり一人にならないとそんな事は考えないですよね。香港の初期の頃はほんとに友達も誰もいないし、子供が来るだけ。その時、かなりいろんな事を考えたのが良かったと思います。

何のために自分は生まれてきたのか？ ずっと考えていた時、何かをしなくちゃいけないと考えて。

ただ漫然となんか普通に、適当に働いて、お酒飲んで死んでいったら意味がないんじゃないかと、漠然とした気付きがありました。

そして、この会社で頑張ろう。一人ひとりの子供を大切にした個別指導。「子供たち一人ひとりに合わせて、学力に合わせて子供たちを良くしていく」会社の理念や考え方がすごく大好きで、そのために一人でも多くの子供をサポートするんだと本気で考えてました。

九州支社の立ち上げ

こうして香港は最終的には200人ぐらいに。まぁ、非常に儲かる形にして、社長から認められました。

じゃあ次は「九州の責任者をやれ」と27歳の時、香港から戻って。その時に国際結婚をしておりまして。九州で支店長といっても何かあるわけじゃないんですよ。ゼロ。笑笑。何もないところに私が行って。ただ営業部隊には九州に来ていただきました。

私は九州の支社長として先生の指導やマネジメントを。営業のほうは営業の責任者が来て、店舗を作ってくれました。まぁ私もクローザーでしたが（笑）。

最終的には九州地区で社員が40名、店舗が30店舗ぐらいできたんですね。売上で5億円位で営業利益が1億くらい上がっていたんですよ。37歳、２０００年前後でしたね。

質問：その時も訪問営業ですか？

そうです。その時は訪問営業＋テレアポも入ってました。テレアポ＋訪問営業で。この二つでやってました。すごく頑張ったんですね。九州の組織を作っている途中で、会社が株式上場を目指すことになり、「よーし！　オレたち九州もやるぞ！」と皆で頑張りました。

で、上場できたんですよ。当時は店頭公開と言いましたが、今のジャスダックです。九州も北海道も、全国も頑張りました。

ところが、会社の方針で九州事務所は閉鎖することに。大好きな会社でした。新卒で入って15年勤めたんです。

創業はしたが「何をやるか？」

こうして辞めざるをえなくなり、2001年に創業したわけです。

「自分に良し。相手に良し。会社に良し。社会に良し」

っていうのが社訓になってるんですけど、自分に良しっていうのは社員に良しなんですよね。社長に良しじゃなくて。社員に良し。で作ったのが今の会社なんです。これ珍しいと思うんです。綺麗事に思われるかもしれませんけど、「よし、理想の会社を作るぞ！」と本気で始めたのが今の会社です。

でも創業して、じゃぁほんとに、そんな綺麗事でやれるか？創業はしたが、ほんとに何をしようかと迷いました。

新聞の勧誘やエアコン掃除は？

エアコンの掃除もいいね、みんな営業マンですから。もうその時どうしようもない営業マンだけ連れて行ったんです、笑。それが７人ぐらいいてですね。だから塾の先生は１人もいないんですよ。営業、お客さんの家をコンコンコンとやっていた連中だけ連れて創業したんです。だから「おいおい何やる?」「何やっていこうか?」っていうところからスタートしたんですね。最初、新聞の勧誘がいいんじゃないかと。テレアポでどんどんどんどん電話して、朝日新聞とかなんとか新聞ですとか勧誘したらマージンがもらえるんじゃないかとか、不動産の販売もいいんじゃないかとか。

エアコンの掃除がいいんじゃないかとか。エアコンのベスト電器の人を呼んで、ビデオ撮ってじーっと見てましたもん。みんなで。こうやってやるんだって。あれ訪問販売でこんこんとやったら、その時一台３万円位取れたんで、これいいんじゃないかなとか。

子供向けのスポーツ教室

いろいろ考えたんですけども、最終的には子供向けサッカー教室に落ち着きました。やっぱり前が塾なんで、入りやすいんですよ。前の会社も学習塾とは別に、サッカー教室やってました。だから違和感なかった。もうサッカー教室やっちまおぅ！

ただ我々は、やる以上は正社員でやろうと。前の会社は利益主義で正社員からアルバイトへ移行して人件費を抑えようという方向だったんで、うちは正社員で終身雇用だ！とドーンと打ち出したんですね。最初はＤＯＤＡ、次がリクナビ。その頃は紙媒体の求人広告でバン！と出したんです。


なんと１２０人もの応募が来た！　無名零細の新会社に。前の塾は求人出しても5、6人しか来なかったんですよ、上場会社なのに。えー！こんなに来るのって。しかも給料とか高くないですよ。

次にリクルートの新卒媒体に出してみたんですよ。求人広告の代理店に乗せられて、笑笑。いいですよーって営業マンが来てですね。そうかリクルートは高いけど一度やってみるかと。出したら二千人ぐらい来たんですよ。ウワーと。有限会社ですよ。有限会社リーフラス。

えーこんなに？　やっぱり圧倒的な差ですよね。その時は塾の先生は出しても5人から6人しか来ないのに、なんでスポーツの先生だと二千人とか来るの？　リクルートの二千人というのは新卒募集です。最初は中途のＤＯＤＡで１２０人来ました、中途で。もうびっくりしました。

よくよく考えてみたら、そーゆースポーツの先生で正社員、子供を教えるスポーツの先生で正社員っていうのはあんまりなかったみたいで。ドーッと来て。

求人に応募殺到!

求人広告のキャッチコピーに書いたんです。体罰はダメです。しごきはしちゃいけないとか。スポーツは楽しくとか、一所懸命に考えました。そしたら「感動しました、私もそうだったんです」とか、面接に来るんですね。私も中学の時、部活で殴られて、絶対あんなのはおかしいと思いました、とか。

なんて言うか、理念や考え方とか、暴力否定、体罰否定、スポーツに対して明るく前向きに取り組んでいきたいという人たちがバーッと集まってきたんですよ。それは「思い」ですよね。私も野球部で嫌な思いをしたんですけど、こんなに同じ思いをした人が日本中にいるのかと。

そういう人たちが集まってきて、九州でまずやったんですね。そしたら瞬く間にです。

生徒もすぐ一千名集まった

生徒募集チラシに「挨拶、礼儀、しつけ」、そして「自分の頭で考える」とか「教育です」って書いたんです。子供たち向けスポーツなんですけど教育です。教育でしっかり挨拶ができる子供にします。コミュニケーションができる子供にします。

そんなことを書いて配布したら、私のマンションの1室が事務所だったんですけど、近くの公園に、いきなり100人ぐらい集まりました。ブァーと。そーゆーニーズがあるんだと驚きました。その当時の少年団っていうのは、地域のボランティアの方がやられていたんで土日祝だったんですけど、我々平日にやっているというニーズがあったみたいです。後は、お手伝いとか一切必要ありません。少年団であればお茶出しとか車出しとかお弁当作りとかいろいろあるんですけど、うちはありませんと。なんかそれが珍しかったらしくて、バッと集まってですね。うわーなんだこんなたくさん来るんだと、ものすごく集まりましたね。

あっという間に一千名を超えて。九州だけです。最初は九州だけで、もういいかと思ったんです。

東京や大阪にも出店

すると入ってきた新卒の子らがですね、「僕、東京やりたいです」とか、「大阪をやりたいです」という声が。何でも言っていい社風だったんで、「ああそうなの。あーじゃぁ頑張ってやるか」って。ということで出したんですね。大阪と東京に。

その時はまだ旧態以前とした考え方で、その前の会社の名残があって、やっぱり経験者、歳をとった人がいいだろうなと思って、前の会社から連れてきた人たちを配置したんですね。責任者として。

ところが、あっという間にダメになりました。

要は私も前の会社で習った事しか頭になかったんで、前の会社と同じように、支店長がいて、階層があって、こういう風に作ったらいいかなとやったんですけど、みんな辞めちゃったんですよ。働き方もめちゃくちゃでしたんで。最初から前の会社と同じように、それが普通だと思ってましたんで、24時間働くのがですね。笑笑。同じように働かしたらみんな辞めちゃいました。

そこで！　栢野先生の本とか一生懸命読んでですね。失敗したんで。どうやったらいいんだろうかと。ランチェスターがどうのこうのとか一生懸命読んで、あーやり方間違えてた。なんでいきなり東京大阪出しちゃったのかなあとか。

やっぱりちゃんと、いっこいっこやっていかないといけないんだとわかったんですけど、出してしまったからもう、東京と大阪自体はランチェスターのやり方でやっていこうと思って、もう一度振り出しに戻って。

新卒が活躍

今度はですね、新卒の人たちで、良さげな人を東京と大阪に送ったんですよ。あの、ほんとうに入ったばっかりの人たちを。それで、なんていうか、階層じゃなくて一緒に作っていこうというふうになって、なんとか軌道に乗って行きました。その時思ったのが、やっぱりリーフラス型でやらないとダメなんだなと、当たり前なんですけど。

それはどういうことかと言うと、ピラミッド型の昔の日本みたいな社長がいて支社長がいてではなく、４、５人のグループをワンセットとして、その人たちが仲間として作っていく。上下ないぞと。

例えば、さん付けで呼ぼう。なんとか部長とか伊藤社長じゃなく、伊藤さんでいいよとか。もうみんな平等みたいな。何でも言い合えるような会社に行かなくちゃ。もう全部何とか係長とか言うのはやめて、さん付けにして。ワイワイガヤガヤと。

そのかわり実力主義。実力主義を徹底しますよということで、全国に拠点をざっと出して言ったんです。まず東京と大阪に出して、後は、社員がやりたいって言ったら出すみたいな感じです。

人事アンケートっていうのがありまして、そこに書くんですけど、社員の人がやりたいって言ったら、はいどうぞって。千葉県やってくださいって。ほんとにそうなんですよ。

要は会社で決めるんじゃないんですね。会社で、「おい！この地域をやれ！」じゃなくて、人事アンケートで、「僕は埼玉をやりたい！」そしてこいつ埼玉やれそうなの？　じゃあ、やれと。「まだちょっと早いですね」と上司が言ったら、もうちょっと待って。そんな感じなんですね。

そうやって31都道府県に出しました。今後も何年にどこどこ進出とか一切決めてないんですね。人が育ってやりたいと言う人間が出てきたら、任せるカタチでやっております。

ソーシャルビジネス？

リーフラスはソーシャルビジネス。社会の課題をビジネスとして捉えてやっていく。まぁソーシャルビジネスという形態をとっているんですけれども、これも後付けです、笑笑。最初からこんなことを思ってやっていません。誰かソーシャルビジネスに詳しい人が入社してきて、「リーフラスって社会課題を解決するソーシャルビジネスですね」って。ソーシャルビジネス？何ですかそれって？笑笑。何もそんな事は意識せずにやって生きていたんですけど、まぁソーシャルビジネスらしいです。笑。

「自分に良し。相手に良し。会社に良し。社会に良し」と。これ、本気で考えた社訓で、一番は社員の公私における幸福を実現していこうじゃないかと。やっぱり公私っていうのが大事だと思うんですね。

私も前の会社の時は、仕事自体は楽しいんですよ。まぁブラック企業にありがちですけど、

24時間働いていますから、もうアドレナリンが出まくってるわけです。アレも凄く楽しかったんですけども、私生活はボロボロです、笑笑。友達が1人2人3人4人といなくなっていくんです。仕事ばっかりだから。やはり、公私両方幸せじゃないと意味ないよね。

というのは香港で考えたんです。

16年連続で増収

会員数につきましては16期連続して四万五千人。社員数はですね、今650名位になっています。ありがたいことにエントリー数で一万人以上、リクナビしかやってないんですけど。リクナビのランキングで、我々九州スタートで東京と九州福岡の二本社制ですけど、福岡では2位なんですね。1位はTOTOか久光製薬だったかな。

我々のスポーツスクールっていうのは、別に大会で勝つとかそんなのが目的ではなくて、スポーツによって「非認知能力」を身に付けていく。これ最近出てきた言葉なんですね。これが今半分ぐらい占めているという事ですね。また後で説明します。

小学校5年生までは、スポーツとか体動かすほうが多いんです。6年生以降は塾になるんですね。とんでもない話ですよ、塾の方には申し訳ないですけど、塾とか行っても意味ないですよ。塾をやってただけに、私よくわかるんですよ。

我々今三千カ所でやってますけど、もしリーフラスがなかったら三千カ所スポーツができるところがない。同業他社さんも合わせたら1万カ所位になるんじゃないですか。まだ8万カ所以上展開が可能です。

勉強ではなく「非認知能力」

「認知能力」はIQとかいわゆる偏差値、まぁお勉強のほうですね。**「非認知能力」というのは勤勉性とか、意欲とか、やり抜く力とか、思いやり、忍耐力。人間的な力**ですね。最近、「非認知能力が高い人ほど年収が高い」というデータがようやく出てきたんです。

今までは、イイ大学に入って偏差値が高い大学に入って、イイ会社に入って、そっちのが良いとみんな思ってましたが、違うことが立証されたんです。

社長さんなんかほとんど、学歴ないっていうか大学行ってても「バカだ大学」ですよね、笑笑。私も含めて。まぁいい大学の方もいらっしゃいますけど。大体そうですよ、お勉強はあんまりできない、社長さんとかは。まぁそんなもんなんですよ。

そのかわり、例えば「生き抜く力」がある、成功している社長さんとかは。生き抜く力って「非認知能力」、どうやって身に付けるかと言えば、実は幼少期。小学校６年生くらいまでにつけておかないと、えらい目になりますよという話。

今ですね、ご存知のように、特に日本の男の子がみんなゲームですよ。

ゲームばっかりじゃ終わりですよ。耐性がなくて。お勉強とゲームばっかりやって中学入りました、いい高校入りました、ところが途中でポキンと折れて不登校になりましたとか引きこもりとか。そして就活で入社試験、すごい頭はいいんだけど全部落ちました。そこで自殺したりとか。

そういう人はみんな、非認知能力が低いんですよ。そんなものは屁でもないと思わないと。会社で求められるのはそうじゃないですよね。起業する人なんかもこちらのほうが高いですね。勤勉性、やり抜く力とかグリットとかいう本が出てましたけど、決めたらやる根性みたいなもんですね。

これをつけるためには、じゃぁ安易にスポーツをやればいいかと言ったら、そういうわけでもないですね。スポーツの世界に入って、逆に、要は自分の頭で考えられなくなってしまうケースも多々あるんです。これはもうお分かりのように、支配型のコーチが監督に着いた時は、もうロボットみたいに言うがまま動くだけ体は強くなるんですけど、頭が全然動いてないとか。だからサッカーなんかも、昔の岡田監督とかうちの顧問でスーパーバイザーとかやってもらって話をした時に「もう言われた事しかやんねー、日本のプレイヤーは」と言ってました。だから昔は勝てなかった。自分の頭で考えることができないってすごい嘆いていました。

でも今の日本のサッカーは、良い指導者が増えてきたんで、優れた選手が出てきた。野球がちょっと遅れてますけど。

まぁそういった、大きく言えば、**社会に出ていく、社会で成功する力っていうのが非認知能力。これがある人が、一番身に付けやすいのはスポーツ**だと私は思っています。スポーツをやる中で、子供の頭で考えさせる。その習慣付けをしていくと。

要はスポーツをもともとやらない層を、どうやって引っ張っていくか、なんですよ。ゲームとまぁお勉強しかしない、大体肥満体ですよ、メガネをかけてモジモジ君ですよ。ものすごくゲームが好きで。そういう子が今、すごく多いですね。でも引っ張り込むんですよ。おいでおいでおいでって。

無理矢理加入させるんですよ、無理矢理でいいんですよ、入る時は。親なんていうのは、子供がウンやるって言ったらやらせますから。そんな5千円6千円の世界ですから。だから、「頑張ろう！　頑張るぞ！　頑張って！」「ウン頑張る！」ってむりくり入会させるんです。それでいいんですよ。

なぜなら、それぐらいやらないとスポーツをしない子供たちなんです。でもスポーツと言っても、少年団とかクラブチームについていけない。みんな補欠です。

でも我々みたいなスクールであったら、「よーしいいぞう。よく来たなぁ。今日もよう来たなぁ」って、お客様ですから。「よし！　おいでおいでおいで」「よしいいぞ。今日はよう頑張ってるなぁ」と。

そうやって1年2年3年ぐらい経つと見違えるように。体型ももちろん変わりますし、モジくんが、「ハイ！　なんとか君並んで」って、やってるんですよ。つまり、非認知能力っていうのがつくんです。これはもう、実感として、すげえなぁスポーツって。

認める。励ます。勇気づける。

そのかわり、すぐ辞めちゃいますから、辞めないようにやるのが大事。それは、褒めて認めて励まして勇気づける。要はあんまり叱ったりしない。何でもいいから認める。励ます。勇気づける。その連続で、もう3年は通わせないとダメなんです。「そんな1年や2年通ったって身につかないです」ってお母さんにはっきり言います。で、6年生まで通わせる。

「塾に行ってもいいけど、ウチにも来てください。社会的成功がしたいならしたいんでしょ？　あなたのお子さんが途中で引きこもりとかになってもいいんですか」と。就職の時に自殺、自殺とは言わなくても、「全部落ちていいんですか」と。はっきり言ったらいいんですよ。何にもわかってないんですから。

塾に行かせてばっかり。そういうところがアホなんです。言いたい放題ですね、笑笑。でもほんとにそうですよ。「お母さん、アホじゃないですか？　塾行かせますからやめさせます？　ウチは週一回ですよ。いいんですか？お母さん。お子さんの将来をあなたが潰すんですよ」って言ってあげたらいいんですよ。ほんとにそうですから。

だからウチの子は塾なんか行かせませんし、公立の中学校に行かせました。まぁ両方できたほうがいいんですけど。東大とか認知能力が高い人っていうのは、もともと高いんです。勉強が好きな人なんです。勉強が得意な人は頑張ってそういう方面、学者さんになったり研究者になるべきだと思うんです。勉強が嫌いなのに、むりくりやらせようとするから、えらい目に合うんです。

ところがスポーツの場合は、ここがポイントなんですけど、スポーツ嫌いっていうのはいわゆる一般でいうスポーツなんですよ。運動神経の良いほうのスポーツは嫌いなんですけど、誰でも楽しくやれるんです、実は。スポーツはですね、勉強とちょっと違う。そこのところで、そこを力説させていただいてるんですね。

少子化はチャンス

少子化だから、じゃあ子供向けのビジネスってだめかと言うと、逆ですよね。**少子化だからこそ、本物を選ぶ**。お客様は。だってそうじゃないですか。自分の子供が、皆さんの子供さんが1人いたとしてAというスポーツスクールはタダです。そのかわり、近所のおっさんがぶん殴るようにやります。ババババと。

Bは2千円位で安いです。でも、近所のおっさんが適当にタバコ吸いながらやってます。昔のやり方でね。うさぎ跳びやるとか。めちゃくちゃでしたね。

Cは6千円7千円しますけど、プロフェッショナルがお客様である子供さんにちゃんと非認知能力を身に付けさせていきますよと。そうなったらCを選びますよ。物じゃないんだから。機能が同じものだったら1円でも安いほうを選びますけど、子供のためにと考えたら、ABCとあったらCを選ぶのが当たり前ですよ。

それが、月に7万円とか8万円とかするんだったら難しいですよ。たった6千円ですから。6千円と2千円とタダって、タダ選びますかって？　Aは殴られますよ、Bはタバコ吸いながらうさぎ跳びやれってやってますよ、

ということで、市場はすごいあります。まだ全然たくさんあります。まぁいろいろありますけど、運動が苦手で運動しない子供を取り込んでいこうと。

スポーツ界って、二大潮流なんですね。日本スポーツ体育協会とかあるじゃないですか。要は競技スポーツ、オリンピックを目指すとかプロを目指そうとか。まぁもっとぶっちゃけて言

うと少年団とか部活動とか、何か試合に勝っていくぞー甲子園とかね。そういうのが今まではメジャーだったじゃないですか。

巨大なブルーオーシャン

もういっこ、あるんですよ。スポーツを生活のインフラにしていこうと。誰にでもエンジョイできるスポーツは我々ですね。あるいはご高齢の方でもできるスポーツをやっていこう。ゆるいスポーツをやっていこう。中高年の方々でスポーツから完全に遠ざかっていても、誰でも参加できるスポーツにしていこうという。二つの大きな流れがありますが、後者は小さかったんですけど、最近大きな流れに変わってきました。要は、前者を侵食するわけではないんですよ。**「全然スポーツをしてなかった、スポーツが苦手な人たち」**を取り込んでいこうじゃないかと。

新市場なんですね。でっかい市場が残ってるんですよ。ものすごく大きな市場が。**「子供でも、スポーツが得意じゃない子」**を対象にするわけです。

質問：それはいつ頃気づきました？　最初から？

最初からじゃないですね。始めて7～8年目位ですかね。そっちが空いてる。**スポーツが苦手な子供。**もっと言うと我々、**ちょっと障害を持ったような子供**でもOKなんですよ。**身体障害も肉体障害も、精神的な障害もOKです。**

なぜかと言うと、**競技で勝つ団体じゃないから。**競技で勝つ団体だとそういう子は入れない。普通は補欠か入校拒否ですね。でも我々は全部ウェルカムです。そういう子がいるからこそ、**健常者がその子と接することによって、学ぶんですよね。**

こういう子がいました、合宿に行った時に薬を山のように飲むんですよ。こんないっぱい。それをみんな見るんですよ。「何？何々くんどうしたの？」若年性の糖尿病とか。そういう体験も大事だと思うんですよ。

あとちょっと**自閉気味の子供**とか、そういう子供たちって実は、**スポーツの中に入れて子供同士でまじで合わせるとちょっとずつ開いてくる**ことがあるんです。簡単じゃないんですけど。

それで健常者の子供がそういう子供と接することが、すごい勉強になる。勉強じゃない「非認知能力」が身につく、人間力育成のために。こういうスポーツ教室は今までなかった。

ピエロのような営業方法

それをどうやって勧誘してるか？　校門の前に立ってですね、「おいでおいで！お兄ちゃんこんなに面白いことをできるぞー」って、リフティングをやったりとか、ボール回したりとか、そうやってアトラクションをしてですね、「おいでおいでよー頑張ろうね」「うん！」。前のスパルタ塾で学んだクロージング、笑笑。ドラッカーのいう「顧客の創造」なんですね。笑笑。

そこで、いかにバカになりきれるか？　我々は以前、内定者とか入社試験にそれやってたんですよ。するとね、**高学歴の方は恥ずかしくてようやりません**。校門の前でピエロになって、ほらおいでおいでって。怒られたりするんですよ、校長先生とかに。お前はどっか行けとか。一応、許可を取ってやるんですけど、「ちょっと邪魔だから、どっか行け」と。「すいません！」って言って、3メートル先でもう一回やるんです、笑笑。そういうことができないとダメ。お客様を作り続けていくというか、だから少子化とか全然我々は問題ないです。なぜなら、スポーツをしない子を勧誘するから。嫌いな子を勧誘していくんで。無限大と言っていいほど、市場はまだまだあります。

正社員制度

ウチは正社員制でやっています。「社員に良し」の会社を作るぞということで、多種多様なことをやってます。終身雇用で、65歳定年制もね。本当は取っ払いたいところなんですけど、どうやってやるか。

これはのれん分けです。社内独立制度。グループの中でのれん分けをどんどんしていく。先発は結構いい年収をとってます。後は希望勤務地とか希望人事とか。希望通りになるとは言いませんけど、極力希望通りにしてあげてます。

他には社員の「お子様への図書カードのプレゼント」とか、奥様にお花を贈っています、私の名前で。「また一年、お父さんがんばってね」と、奥様に喜んでいただく。

最近導入したのは、「子供さんの学校行事に有給休暇をとって、お昼ご飯代ぐらいを支給する」と。こういうのもスタートしました。

要は自分の子供と向き合わずして、他人の子供を愛せるわけはないじゃないですか。やっぱり自分の子供の成長に向き合っていかないと、他人の子供を愛して成長させようなんて思うことはないんですよ。だから無理矢理休ませています。それはまぁスケジュールを1年で組めば良いですね。この日は休み、この日は結婚記念日とか、この日は入学式とか、最初からわかってるそこは半休なり有給とっていけばいいだけの話で。そんな大層なことじゃないですね。

質疑応答

今、障害をもたれているお子さんの専門の指導をするケースと、健常者の中に入れて一緒にやるケースと、お子さんを見させていただいてやっています。あとお父さんお母さんのご意見を伺って、マンツーマン・コースもあります。やっぱりその子に合わせていろいろあるんで。スイミングとかもリクエストに応じてやります。

引きこもりの子をそういったスポーツの活動にという依頼は多いです。対応はできます。精神科とかカウンセラーで対応できないような場合、スポーツの力って結構役立ちます。

質問：前職を辞められた時に、いろいろ模索をされたということですけど、どういう流れで今のスポーツビジネスに至ったのでしょうか？

前職が塾だったので、子供向けというのは抵抗がなかったんですね。あと、実はサッカーっていうのが一番お金かからないんですよ。野球とかだと、バットやグローブとかでお金がかかるんですね。サッカーの場合は設備投資にお金がかからない、ちっちゃいゴールを作って後はボールがあればできちゃう。創業時はまったくお金がなくて、やめた社員の退職金と失業保険。6ヶ月の。それでお金が投資できるのはサッカーしかなかったんです。それが現実です。

質問：社員の方の独立制度で、のれん分け制度があるようですけど、外部に任せるFCは？

のれん分けは、今のところ2人です。社員からののれん分けは。基準としては15年以上勤めていること。ウチの社歴が16年。一人は年収三千万円位です。もう一人は年収一千万円前後。のれん分けですけど稼げる。ただハードルが高いですけど、やっていく内容は正社員と同じです。そののれん分けに行く前にスクールマスターという、売り上げに応じて何%かがプラスになる実力給で試しができます。そこで負けない営業力っていうか強さがあるかどうか。そんなハードルがあります。

フランチャイズは今のところやるつもりはありません。正社員からのれん分けです。我々今一番平均会員が多いのが福島県なんです。原発の事故があってても逃げなかったんで。地元の子が行きたがります。地元に戻るっていう感じですね。福島の場合も、「いや僕たちは福島に残ります。原発の事故があっても」「他の地域に行ってもいいよ」と言ったんですけど、「いや残ります」と。

質問:海外のマーケットは?

実はですね、海外に進出をして大失敗してます。香港と台湾と上海に出したんです。でもやっぱりなかなか黒字化ができず全部エンプロイメントバイアウト、従業員にただであげたんです。そしたら、みんな大成功しています、笑笑。従業員というのは現地の人ですね。日本人が行くと人件費が高いんでできないんですけど、今、上海でやってる、この子はハーフなんですけど、彼は上海市場で上場するって言ってました。でも、そこでわかったのは、例えば上海の場合で言ったら、協調性を身に付けてほしいとかリクエストがあるんですね。わがままな子が多いんで、中国は。みんなと仲良くする力をつけてほしいとか。そういう要求は日本と同じでニーズはあります。だから今後我々が展開していこうと思うのは、もうぶっちゃけ、まず最初に日本人学校かなと。日本人学校で日本の子供をちゃんと教えて、収益を上げて。現地の人は現地の人が教えると。そういうイメージかなと思います。

質問：子供ではなく、30歳とか40歳とか50歳になってからでも、非認知能力を高めてもらいたいんですけど。

えーっと、ちょっと無理……（爆笑）。子供の時だったらいいんですけど、ちょっと無理なような気がしますね。非認知能力を大人になってから身に付けるっていうのは、かなり難しいと思います。ただ、マナーとかですね、そういったところぐらいは、あるいは考え方くらいの話の基本とかはできるかもしれませんが。非認知能力っていうのはやっぱり幼少期、性格の形成と言われている10歳前後くらいまでが勝負かなと思っています。すいません。笑笑。うちの社員でも変わらないです。笑笑。良い子はみんな小学校時代までに非認知能力って身に付けてるんです。えらい現実があります。

質問：校門の前でピエロになって営業勧誘をするっていうのは今でもやってるんですか？

今でもやっています。ドラッカーじゃないですけど顧客の創造。笑笑。ちょっと意味は違いますけど。顧客作りなんです。あれをやらないと、運動が苦手な子は入ってこないです。

質問：それって前職のブラック営業の経験が生きてますよね。

おっしゃる通りです。私も前職ではもう夜の9時を過ぎても飛び込み営業やってました。もう真っ白になってやってました。そーゆー**アホになりきらないと、成功しませんよね**。プライドが邪魔して、それができない人はむずかしい。入っても嫌でやめて行きます。それも入社前にさせて、選別します。させると、「なんでビラなんかまかないといけないんだ」と思いますよね。それが嫌な子は入らなくていい。そういう選別をしています。

質問：チラシ広告以外にネット広告とかは？

ネット広告とかは全然やってません。もうほんとアナログで、ビラまきと、学校の前に立って勧誘、後は幼稚園に行ってビラをまくとか。

質問：その場で拉致して連れて行く（笑）んですか？

いえいえ。笑笑。そんなのしたら警察に捕まっちゃう。そこで、「これね、お母さんに持っていってお母さんに電話かけてもらって」とチラシを渡して。そこでお母さんに言う言葉まで教えるんですね。子供にロープレをして、笑笑。「家に帰ったらこう言うんだよ」って。「はい！」「言ってごらん！」って。「お母さん、ココ僕行きたい！」って。土曜日の無料体験会に来ていただく。すると50％くらい入会ですね。今の親は、子供がやりたいって言ったらやらせます。５千円とか６千円の世界なんで。

質問：現在600人の社員を抱えられているということですが、そのマネジメントは例えばマニュアルがあるとか、本部指導？現場に任せる？

マニュアルはほとんどないです。**最も力を入れているのは、理念とか考え方。原理原則の、もうアホみたいに同じことをテレビ会議とかで全社員に対して話しているだけ。**あとは各地区の責任者にすべて任せていますね。本部は30人ぐらいです。ちょっと多いかもしれませんけど、上場準備なんかもしてますので。株式上場するからといってどんどん急拡大するつもりじゃなくて、まだすきま時間がいっぱいあります。子供以外に、中高年とかお年寄り向けも。中学の部活代行も増えています。

あとは、非認知能力テスト。今までなかった、要は学力テストとか運動テストとかあったんですけど、非認知能力テストっていうのはありませんでしたので、これ今、ある大学と組んで一緒にやっていこうという話になっています。

要は、思いやりとかリーダーシップとか協調性とか、そういう非認知能力のテストをやっていこうと思っています。

◆栢野のコラム◆

なるほど！　またも「弱い客層」が穴場か。

普通はスポーツ教室だから、Jリーグやプロ野球に憧れ、もっと上達したいスポーツ好きな子供を対象にするが、まさか逆の「スポーツが苦手な子供が中心」とは。私もまったく気づきませんでした。先発ライバルも無視のポジショニング、ブルーオーシャン市場でした。

私は学生時代、ブルース・リーに憧れて少林寺拳法の道場に通いましたが、そこは実戦を重視する支部で20歳の私には最適。ところが人が減って潰れました。人数が多い道場は子供や女性ばかり。弱いしツマラナイと見下してましたが、道場の経営としては正解でした。

通ってた福岡のキックボクシングジムも、格闘系から女性向けボクササイズ等にメニューを変えて集客に成功。

女性専門フィットネス・カーブスも同じ。メインは60代70代の女性。普通のフィットネスジムはどこも若者がメインでインストラクターも若い独身。普通は中高年女性とか相手にしたくないですね。

各業界で先発強者が無視する「弱い客層」は穴場ですね。

さらにやっぱり感心したのは、リーフラスのピエロ営業。チラシをまいただけではなかったんですね。小学校の校門の外で、たまには学校の先生から注意されながらも、リフティングなんかで興味を持たせて子供にチラシを渡し、その後は無料体験教室にお母さんと来てもらって契約クロージング。まぁ子供にリーフラスが合わなくても、月に5千円とか6千円ですからリスクは無いに等しい。

さらに勉強以外の非認知能力の話。忍耐力、意欲、勤勉性、思いやりなどは大事ですね。まさに勉強の暗記力とか知識はスマホやAIが代わりにやる時代。

笑ったのは、非認知能力を大人になってからつけるにはどうすれば良いか？という質問に対する伊藤さんの答えは「残念ながら大人になってからは手遅れです」「うちの社員を見ててもほとんど変わりません。笑笑」。恐ろしい話ですね。

ただどんな分野でも、例えば覚せい剤とかよく芸能界とかで話題になりますが、もう一度ハマったら人生終わりだとポスターなんかでも言ってますが、それこそスマホで検索すると、薬物中毒になっても、年代によって差はありますが、若いときには5割以上、中高年でも3割以上は克服できています。

たとえ9割ダメとかそんな統計が出ていても、なんと1割も可能性がある。そうプラスに捉えて、できる範囲のチャレンジをすれば人生は逆転できる！

さらにその通りと思ったのは、

「社長さんて、バカだ大学が多いですよね。笑笑。僕もですけど」。

これは私も30年以上、特に創業社長の経歴やウィキペディアをもしかしたら日本一チェックしてきた偉大な評論家に言わせてもらえれば、笑笑。私の経験的統計上は間違いありません。

大企業、特に上場会社のサラリーマン社長や幹部の場合は出身大学ランキングなどが週刊ダイヤモンドや東洋経済とかによく出てますが、基本は良い偏差値に比例して出世もしていますね。

それは新卒の採用段階からやっぱり有名大学、高い偏差値順に採用されてますので、その後の出世も偏差値と比例してます。

私自身も20代30代前半のサラリーマン時代は、やっぱり大企業はすごい。例外はあるけど、基本イイ大学の人が平均的には出世してるな。と思っていました。そういうとこばっかり見ていたかもしれませんが。

転職を繰り返してサラリーマンでも大企業から中小企業へ転落していくと、笑笑、やっぱり社長以下、上司同僚の学歴も下がっていたし。

ところが独立起業して、特に中小企業笑企業の社長向け著者ジャーナリストになったこの20年、マスコミに出ない取材されない世の9割占める中小零細企業、特に創業者は今でも高卒が一番多いし、大学でもいわゆる三流大学が多い。大企業サラリーマンの世界とは正反対です。

ホント偶然ですが、今回の本に登場した社長さんもみ〜んな高卒や、いわゆる一流大学じゃない。ただし、勤勉に働くとか意欲や思いやりなどの人間力＝非認知能力がやっぱり強い社長ばかり。勉強苦手な多くの人には希望が持てますね。

中小企業の成功戦略13ヶ条

竹田陽一

1・経営の目的は利益発生源の顧客を増やし、1位の地域か1位の商品を創ることにある。1位と、2位や3位とでは、1人当たりの純利益で3倍も4倍も差が出る。とにかく「何かで1位」になることを目指せ。

2・価値があるのは1位だけ。負けている地域や負けている商品をいくつ持っていても価値はない。スクラップだ。

3・経営力に限りがある弱者は、他社が手がけていない商品や強い競争相手がいない商品に目標を定め、まず小さなもので1位になることを目指せ。

4・大衆相手の商品や市場規模が大きな商品を避け、小衆相手の商品や特殊用途の商品など、市場規模が小さな商品に目標を定めよ。

5・非関連の多角化や商品の幅を広げすぎると戦力が分散する。弱者は商品の幅を狭くし、強い商品に力をより集中せよ。

6・市場規模が大きな大都市や中心部は競争が激しい。弱者は独立性が高い地方の小都市か大都市の周辺、それに川や鉄道で分断された、盲点地域を重点目標に選べ。

7・広域営業は弱い販売力を一層弱くする。弱者は営業範囲を狭くし、生産性マイナスの移動時間を、ライバルより15%少なくせよ。

8・取引が小口になる業種の遠距離営業は自殺行為。近いところから得意先を密集して作る、近距離営業を実行せよ。

9・間接営業は弱い力を一層弱くする。弱者はエンドユーザーに一歩でも近づいた、直接販売の営業システムを作れ。

10・営業マンの販売力は、訪問件数7割に質3割で決まる。弱者は訪問件数を重視し、業界平均の5割増しになる営業システムを作れ。

11・商品をどこから買うかの決定権は、顧客が100%持っている。まず顧客の仕事と人生に関心を示し、次に親切心と今ひとつの良さを加えて対応し、顧客から好かれて気に入られることで地元ナンバーワンを目指せ。

12・時間は唯一平等な経営資源。弱者は朝型を中心に、必勝の3200時間、圧勝の3700時間を本業に集中して投入せよ。本業と関係ないことに時間を使うな。

13・これで1位になると決めたら簡単にあきらめるな。当初思っていた期間の2倍から3倍は続けてみよ。必ず何かを成し遂げる。

番外・弱者は調子に乗るな。小さな成功で生活態度を変えるな。

成功するビジネスマンの時間心得

竹田陽一

1・成功の7割は投入時間量で決まることを重視し、必勝の12時間、圧勝の14時間を連続して守る。

2・朝7時30分から仕事にかかり、先手先手と仕事を進め、朝型人間を続ける。

3・朝の15分を使って、1日の行動計画をメモにし、忘れ物や連絡ミスを防ぐ。

4・あれこれと手を広げず、1つの仕事に目標をしぼって、集中効果を出す。

5・技術の向上と潜在能力の開発は、量稽古のあとで起きると認識し、何事も量稽古から始める。

6・時間の7割は重要な仕事、主たる目的に投入し、3割は計画と反省に回す。

7・趣味時間を一時停止し、学習や研究のため、休日の7割を投入し、仕事のナンバーワンづくりを目指す。

8・一時的な人間関係の悪化を恐れず、目標達成と関係ないものは、断る勇気を出し、時間のムダを防ぐ。

9・残業代がつかなくとも、目先の小さな利害にとらわれず、目標達成のためには骨惜しみをしない。

10・成果が出るまでの苦痛に負けないため、熱意のある友人を作り、熱意を保ち続けるよう、仕掛け作りに工夫する。

おわりに

私が最初にランチェスター戦略の名前を聞いたのは、東京の起業に失敗して休業。アルバイトをしていた小さな出版社の書庫でした。ビジネス書の出版社で孫子の兵法とか流通小売アパレルなど。私はほぼ興味なし。

ただ、どんな人が本を書いているんだと著者のプロフィールだけチェック。すると故郷の福岡在住とは珍しい。顔写真がありましたが、野球の王選手のように角ばったエラが印象的。ただそれだけ。本の中身には何も興味もありませんでした。

その半年後、まさかの実家大借金事件で福岡へUターン。セミナーに誘われて会場へ行ったら、なんか見覚えあるエラ。あの人だ。セミナー聞いて何か面白そうな人。当時は広告代理店の営業マンでしたが、私の得意技の一つは待ち伏せ。アポが取れない場合、例えば朝七時出社前にその会社の入り口で待ち伏せとか。この時もセミナー内容の理解度はほぼゼロでしたが、本を出して講演をしていると言うだけでなんかすごい。仲良くなりたいと、講演終わって皆と名刺交換の最後、外で待ち伏せしてました。時間は夕方の六時とか七時。という事はこの後は飲み会？　案の定、最後に残っていた知り合いの社長らしき人と先生と私の三人で会食へ。当時からいろんな社長を呼んだ勉強会をやっていたので講師で来てもらいました。それがランチェスター経営の竹田陽一師匠です。

私は広告代理業だったので、竹田先生の勉強会や教材で学んで業績アップした社長の体験談チラシを制作したり、求人や新聞広告の仕事ももらいました。先生を呼んだ勉強会も30回以上は主催。毎月シリーズで①商品戦略、②地域戦略、③客層戦略、④営業戦略、⑤顧客維持戦略、⑥組織戦略、⑦財務戦略、⑧時間戦略など。そのシリーズ肉声を私がまとめて代筆共著で出したし本がいきなりベストセラーに。ロングセラーで10年後ぐらいに10万部を超えました。

私の方にも全国の商工会等から講演依頼をいただき、この20年で１６００回ぐらい、47都道府県すべてと上海、タイ、ベトナム、インドでも講話をさせていただきました。

私の父は44歳で亡くなりましたが、福岡シティ銀行で営業本部長みたいなことをやっていました。父の同僚で親しかった九州リースの森田会長へ最初の本を持っていった時、「かっちゃん。何の本を出したんね？」「ランチェスター戦略っていう中小企業向けの入門書です」「ランチェスター？　あんたのお父さんが支店を回って営業マンに講演してたよ。どぶ板ローラー作戦で支店の周りを全世帯回れ！　てね。そうか。ランチェスターか」。

もう本当にびっくりしました。父とは私が高校生だった17歳で死に別れ、本を出した当時は44歳。なんと父と同じことを私は中小企業向けにやっている。

福岡シティ銀行の元は相互銀行で取引先は中小零細企業ばかり。調べてみたら、父が亡くなった一九七五年はランチェスター本で初代ベストセラーを出していた田岡信夫さんの本が累計３００万部も売れた時代。当時の本好きなビジネスマン、しかも営業責任者だったオヤジも当然のごとく読んでいたのでしょう。

その田岡さんの外部一番弟子が竹田陽一。私は竹田陽一の約二〇〇〇人いる弟子の一人。まぁ単なる偶然ですが、運命・宿命・使命を感じました。今後も本や講演やＳＮＳ等を通じて、小さな会社・お店に役立つ情報発信を続けていきます。本を読んでくださり、ありがとうございます。

栢野克己

【著者プロフィール】
栢野 克己（かやの・かつみ）
インタークロス代表。小さな会社や独立起業の事例研究家。作家・セミナー講師。全国やアジアの商工会などで約 1600 回講演。勉強会「九州ベンチャー大学」「缶ビール会」等を1000 回以上主催。著書は「小さな会社の稼ぐ技術」『小さな会社☆儲けのルール』『弱者の戦略』『やずやの秘密』『大逆転バカ社長』など 8 冊で 25 万部。福岡市出身。小倉西高校、立命館大学卒。 ヤマハ発動機、リクルートや IBM の子会社、アド通信社を経て独立。夢は世界 200 カ国渡航。連絡先や 詳細は「かやのかつみ」で検索。お気軽にどうぞ。

【監修者プロフィール】
竹田 陽一（たけだ・よういち）
ランチェスター経営（株）代表。福岡県久留米市出身。福岡大学経済学部を卒業後、建材メーカーを経て企業調査会社に転職。中小企業の信用調査と、倒産会社の取材を担当。ランチェスター法則と出逢って経営戦略の研究に取り組む。44 歳で独立してランチェスター経営を創業。 講演は合計 4400 回。日本で唯一の中小企業向け経営戦略 DVD・CD 教材約200 種を製作。80 歳超えて次は尊敬するドラッカー 95 歳を目指す。著書や詳細は「竹田陽一」で検索。

小さな会社ランチェスター式「儲ける戦略」

監修者　竹田 陽一
著　者　栢野 克己

発行人　杉原葉子
発行所　株式会社コスミック出版

〒 154-0002
東京都世田谷区下馬 6-15-4
代表　TEL. 03-5432-7081
営業　TEL. 03-5432-7084
　　　FAX. 03-5432-7088
編集　TEL. 03-5432-7086
　　　FAX. 03-5432-7090

http://www.cosmicpub.com

振　替　00110-8-611382
印刷・製本　株式会社光邦

乱丁・落丁本は、小社へ直接お送りください。
郵送料小社負担にてお取り替えいたします。
無断複写・転載を禁じます。定価はカバーに表示してあります。

2020 © Kayano Katsumi COSMIC PUBLISHING CO., LTD Printed in Japan
ISBN978-4-7747-9210-1 C0030